나를 아프게 한 말들이
모두 진실은 아니었다

이근오 엮음 | 세계철학전집 아우렐리우스편 | VER. 002

나를 아프게 한 말들이 모두 진실은 아니었다

Marcus Aurelius

모티브

옳지 않으면 하지 말라,
사실이 아니면 말하지 말라.

마음을 쾌활하게 하며
밖으로부터 도움을 구하지 말고,
남들이 주는 안식도 구하지 말라.

너는 스스로 똑바로 서야지,
똑바로 세워져서는 안 된다.

-마르쿠스 아우렐리우스-

Marcus Aurelius

121. 04. 26 - 180. 03. 17

프롤로그

살다 보면 유독 마음이 복잡해지는 날이 있습니다. 아무리 애써도 뜻대로 풀리지 않는 날, 믿었던 사람이 더이상 나를 신경쓰지 않을 때 등 이유는 무수히 많겠지요. 되는 일보다 안 되는 일이 더 많은 세상에서는 말이죠. 저 역시 누구에게도 말 못할 고민이 쌓여 잠을 설쳐버린 그런 밤들도 있었습니다. "어떻게 해야 더 행복해질 수 있을까", "무엇을 해야 사람들이 나를 더 좋아해줄까" 늘 스스로를 다그치며 살았던 것 같아요. 그런

데 그런 마음들이 오히려 저를 더 외롭게 만들고 있었다는 걸 한참이 지나서야 깨닫게 됐습니다. 그때 마르쿠스 아우렐리우스를 만났습니다. 로마의 황제였지만, 누구보다 자신을 엄격하게 돌아보며 혼란스러운 세상 속에서도 고요한 마음을 지키려 애썼던 사람입니다. 그가 남긴 『명상록』은 원래 세상에 보여주기 위해 쓴 글이 아니었습니다. 하루의 끝에서 자신을 다잡기 위해, 흔들리는 마음을 붙잡기 위해, 그저 조용히 스스로에게 써내려간 문장들이었지요. 그런 글들이 오히려 지금의 저에게 가장 큰 위로가 되었습니다. 누구에게도 말하지 못했던 불안과 조급함을, 그는 이미 오래전 똑같이 마주하고 있었다는 사실이 이상하리만치 큰 힘이 되었어요. 남의 말에 휘둘리지 말 것, 세상이 정한 기준에 자신을 맞추려 애쓰지 말 것, 묵묵히 나의 길을 걸어갈 것. 그가 자신에게 반복해서 말했던 그 조언들이 지금의 저에게도 꼭 필요했던 말이었습니다. 이 책은 그런 그와 나눈 작은 대화들입니다. 그가 남긴 문장들, 그리고 제가 살아오며 겪은 마음의 조각들을 조금씩 꺼내어 한 권으로 엮었습니다. 이 책이 거창한 깨달음을 주지는 못하더라도, 지친 하루의 끝에서 조용히 마음을 어루만지는 그런 친구 같은 책이 되기를 바랍니다. 책장을 넘기는 동안, 당신의 마음이 조금은 더 가벼워졌으면 좋겠습니다. 읽어주셔서 고맙습니다.

- 엮은이, **이근오** -

차례

프롤로그 007

Chapter. 01 | 왜 당신은 상처받지 않아도 될 말에 아파하는가

01. 나를 아프게 한 건 나의 해석이다 016
02. 우리가 보는 것은 관점이지 진실이 아니다 020
03. 아무 말이나 믿지 않는 연습 024
04. 영혼은 생각의 색으로 물든다 029
05. 진짜와 가짜를 잘 판별해라 033
06. 행동이 나를 말해줄 것이다 037
07. 타인을 판단하기 전에 먼저 생각하라 041
08. 겉이 아닌 본질을 보는 연습 045
09. 복수는 약한 자의 선택이다 049

Chapter. 02 | 당신의 가치를 의심하지 마라

01. 사람의 인정을 바라지 말라   054
02. 스스로 충분하다는 믿음   059
03. 내 삶에는 내 속도가 있다   064
04. 좋은 사람이 되고 싶다면   069
05. 싸움에서 지더라도 품성에서는 지지 말라   072
06. 품격은 작은 습관에서 시작된다   075
07. 내가 정말 잘 살고 있다는 증거   079
08. 항상 꿈은 크게 가져야 하는 이유   082
09. 오늘의 생각이 내일을 만든다   086
10. 정말 강한 사람   090

Chapter. 03 | 모든 관계에는 적당한 거리가 필요하다

01. 남의 일에 인생을 낭비하지 말라   096
02. 가까운 사람일수록 예의가 필요하다   101
03. 무례한 사람에게는 단호하게 대해라   105
04. 타인의 감정까지 책임지려 하지 말 것   110
05. 네가 바꿀 수 없는 일이라면, 너의 태도를 바꿔라   113
06. 화를 내기 전에 생각해야 할 것들   116
07. 고통을 굳이 키우지 말라   120

Chapter. 04　나를 지키는 현명한 태도에 관하여

01. 불완전한 사람들을 대하는 자세	126
02. 기분이 너의 주인이 되게 하지 말라	130
03. 인생에서 가장 쓸데없는 생각	134
04. 악에 의해 더러워지지 말라	138
05. 지금, 이 순간 죽는다면 후회할 일이 있는가	142
06. 사람이 가장 주눅 드는 순간	146
07. 한 번의 상처로 모든 사람을 놓지 않기를	151
08. 장애물에 넘어져도 일어서는 법	156
09. 과거를 보면 미래가 보인다	160
10. 내게 일어난 일은 나를 위한 것이었다	163

Chapter. 05 | 삶은 선택이 아니라 태도의 문제일지도 모른다

01. 깨어 있는 정신만이 삶을 다시 일으킬 수 있다   170

02. 아직 오지 않은 시간을 두려워하지 말라   174

03. 나다운 게 무엇인지 모를 때   177

04. 게으름이 나를 지배할 때   182

05. 선택을 잘하는 방법   187

06. 선행을 베푸는 3가지 사람 유형   191

07. 진짜 두려워해야 하는 것   195

09. 책임은 혼자 짊어지는 것이 아니라 나누는 것   199

09. 비워야 비로소 보이는 것들   203

10. 위기를 기회로 보는 사람   207

Chapter. 01

왜 당신은 상처받지 않아도 될 말에 아파하는가

Marcus Aurelius

001

나를 아프게 한 건
나의 해석이다

가끔 누군가 무심코 던진 말에 "왜 저런 말을 할까?", "저렇게 밖에 말을 못 하나?" 생각하며 한참을 되묻던 날들이 있었다. 그 말 한마디에 하루 종일 매여 있었고, 그 말에 대한 반박할 말을 혼자 속으로 되뇌며 내가 옳았다는 걸 증명하기에 바빴다. 하지만 내가 그렇게 옳았다면, 시간이 흐를수록 괜찮아지고 더 웃어야 했겠지만 실제로는 생각할수록 아팠고, 떠올릴수록 짜증만 났다. 아무리 생각해도 내가 잘못한 건 없었기 때문이다.

지금 보면 나는 상대방의 말을 계속 곱씹으며, 아닌 것에 아니라고 얘기하기보다는, 그것을 내가 진실로 받아들이고 그의 말에 반박할 것들을 찾으며, 내가 옳았다는 것을 증명하기 위해 계속해서 시간을 쏟고 있었다. 로마 17대 황제이자 철학자였던 마르쿠스 아우렐리우스는 이렇게 말한다. "외부의 일로 인해 괴로움을 느낀다면, 그 고통은 그 일 자체 때문이 아니라 그것에 대한 당신의 판단 때문이다. 그리고 이 판단은 당신이 언제든지 거둘 수 있다." 처음엔 이 말을 쉽게 받아들이지 못했다. 나를 괴롭힌 말은 분명히 그 사람에게서 왔고, 나는 그냥 그 자리에 있었을 뿐이니까. 하지만 시간이 지나면서 내 말이 옳고 안 옳고의 문제보다, 내가 그 단순한 말에 어떤 무게를 부여했는지가 더 중요하다는 걸 조금씩 깨달았다. 말은 그저 말일 뿐이다. 내가 받지 않으면, 어떤 말이든 나에게 영향을 미치지 못한다. 강아지가 아무리 짖어도 내 마음에 어떤 해를 끼치지 못하는 것처럼 말이다. 하지만 나는 강아지를 보며 계속 조용히 하라고 화를 내며 같이 짖고 있었던 것이다. 길을 지나가다가 짖는 개를 보고 나도 같이 짖는다면 목적지에 절대 도착할 수 없다. 이처럼 나도 상대방의 말에 반응하며 그곳에서 한 발짝도 벗어나지 못한 것이다. 타인의 말에 어떤 의미를 부여하고, 어떤 깊이로 받아들이느냐는 온전히 나에게 달려 있다. 그 말이 내 안에서 커지고 무거워질수록, 내 마음의 중심을 잃어버리게 되는 것이다. 그래서 이제는 타인의 말을 바로 듣고 믿기보다 나에게 그런 점이 있는지, 나의 잘못이 있는지 먼저 확인하고 아니면 그냥 무시하기로 했다. 누구의 말도 나를 흔들게 두지 않도록 말이다. 의자를 보고 의자라고 말하는 사람을 보면 아무 생각이 들지 않을 것이다. 당연한 것이니까 말이다. 하지만 의자를 보고 책상이라고 부르는 사람을 보면 정신이 이상한 사람인 줄 알고 그냥 무시하게 된다. 이처럼 내가 잘못한 것이라면 계속해서 화를 내거나, 끙끙거리지 않을 것이다. 그러나 내가 잘못한 것이 없음에도 누군가가 잘못되었다고 말하거나, 내가 하지 않은 일에 뭐라고 할 때 '오해했구나, 잘못 알았구나' 생각할 수 있음에도 그러지 못하고 있던 것이다. 이제는 그런 말도 안 되는 일을 겪을 때는 논쟁을 하려 하지 말고, 그냥 무시하길 바란다. 타인을 깔보라는 말이 아니라, 소중한 시간을 잘못된 해석으로 낭비하며 상처받지 말라는 말이다.

**"상처를 준 건 말이 아니라,
나를 의심하게 만든 내 해석이다."**

002

우리가 보는 것은 관점이지 진실이 아니다

마르쿠스 아우렐리우스는 말했다. "사람들은 사물로 인해 괴로워하는 것이 아니라, 사물에 대해 자신들이 가진 의견으로 인해 괴로워한다." 우리가 타인의 말에 상처를 받는 이유는 그 사람이 한 말이 전부 진실이라고 믿어버리기 때문이다. 하지만 그 말은 하나의 의견일 뿐, 무조건적으로 믿을만한 진실은 아니다. 우리가 듣는 말은, 그 사람이 처음에 알게 된 순간부터 그 사람의 관점과 해석이 섞이게 된다. 그리고 우리가 그것을 다시 받아들일 때, 또 다른 해석이 더해지게 된다. 반대로 우리가 보는 것도 마찬가지다. 우리는 세상을 사실 그대로 보는 것 같지만, 사실은 언제나 우리의 관점을 통해 세상을 바라봤다. 화가 나 있을 때는 모든 게 불쾌하게 보이고, 기분이 좋을 때는 좋지 않은 일도 아무렇지 않게 지나가는 것처럼 말이다. 그렇기에 사람들의 말이나 시선을 너무 예민하게 받아들일 필요는 없다. 누군가가 나에 대해 좋지 않은 말을 했다고 해서, 내가 그런 사람이 되는 것도 아니고, 누군가가 나를 이상하게 본다고 해서 내가 무조건 이상한 사람인 것도 아니다. 그것은 그 사람의 생각이고, 그 사람의 관점일 뿐이다. 중요한 것은 그 말을 듣고 내가 무엇을 믿느냐다. 그래서 타인의 말에 흔들리기보다, 내가 그것을 그대로 받아들여도 되는지 생각해 보는 것이 더 현명하다. 지구도 누군가 평평하다는 정의를 내렸다면, 우리는 우주에 나가서 지구를 보기 전까지 그 말만 믿고 지구가 평평하다고 받아들였을 것이다. 이처럼 우리도 한 번의 만남으로 내가 어떤 사람인지 가늠할 수 없는 존재고, 문장 한 줄로 설명될 수 없는 인생을 살아가고 있다. 그럼에도 누군가가 "넌 똑똑하지 않아서 안 돼"라는 부정적인 말을 했을 때, 그 말을 바로 믿는 사람들이 너무 많다. 타인을 평가할 때 나타나는 건 자신의 관점과 세계라고 한다. 상대방이 긍정적이고 넓은 세계를 보고 있다면, "똑똑하지 않아서 안 돼"라는 말보다는, "이 점이 부족하니까, 그 부분만 더 노력하면 될 거야"라고 말했을 것이다. 만약 누군가가 "넌 너무 까불어"라고 말했을 때, 과거의 나라면 그 말에 움츠러들었겠지만, 지금의 나는 그 말을 그대로 믿지 않고, 누가 봐도 까분 상황이 아니라면 "나는 활발할 뿐이야"라고 말한다. 물론 그 사람의 말을 듣지 않으면 그 사람에게는 평생 까부는 사람으로 치부될 수 있다. 하지만 그건 그 사람만의 관점이지 사실은 아니다. 그래서 그 사람 앞에서는 '척'을 할지언정 그 말은 믿지 않는다. 나를 지켜내는 것은 타인의 언어가 아닌, 내가 스스로 쌓아온 이해와 경험이다. 그러니 내가 겪어온 나의 경험을 믿길 바란다. 나는 타인의 말에 쉽게 휘둘리고 인간관계로 힘들어하는 사람들에게 아우렐리우스의 말을 빌려 이렇게 말해주고 싶다. "우리가 듣는 모든 것은 의견이지 사실이 아니다. 우리가 보는 모든 것은 관점이지 진실이 아니다."

"사람들은 사물로 인해 괴로워하는 것이 아니라, 사물에 대해 자신들이 가진 의견으로 인해 괴로워한다."

003

아무 말이나
믿지 않는 연습

　누군가와 다투거나, 타인에게 상처 받는 말을 들은 날에 사람들에게 속상한 마음을 털어놓으면, 사람들은 그 말을 너무 신경쓰지 말라고 한다. 하지만 말이란 참 이상해서, 흘려들으려 해도 자꾸만 생각나게 되어 있다. 특히, 내가 무시하고 싶고 너무 화가 나는 말이면 더 오래 기억되고, 생각하게 된다. 그래서 이제는 아무 말이나 믿지 않는 연습이 필요하다고 느낀다. 마르쿠스 아우렐리우스는 말했다. "외부의 일은 당신의 마음을 해치지 못한다." 결국 나를 해치는 건 그 일이 아니라, 그 일에 대한 내 반응이라는 것이다. 이런 이야기를 들은 적이 있다. 사람의 뇌는 부정적인 생각을 인식하지 못한다고 한다. 예를 들어 사람들에게 "코끼리를 생각하지 마"라고 하면, 이미 머릿속엔 코끼리가 생각난다는 것이다. 그래서 스키 선수들도 수많은 나무 사이를 뚫고 지나갈 때 "나무를 피해야 돼"라고 생각하지 않고 "눈길만 따라가"라고 생각한다고 한다. 나무를 피해라고 생각하는 순간, 그 나무들만 보이게 되어 있고, 눈길만 따라가라고 하면 눈길만 보이게 되기 때문이다. 이는 우리가 부정적인 말을 피하기보다는, 긍정적인 방향을 제안하고 생각하며 따르는 것이 훨씬 효과적이라는 것을 알 수 있다. 아이들에게 "소파에서 과자 먹지 마"라고 말하는 것보다 "식탁에서 과자 먹어"라고 말하는 것이 더 효율적인 것처럼 말이다. 누군가에게 부정적인 말을 들었을 때 "생각하지 말자"라고 하는 것보다, 다른 곳으로 시선으로 돌리거나 그 문제에 대해 새로운 질문을 던져보는 것도 좋은 방법이다. 생각이 많을

수록 활발히 움직이거나, 스트레스가 많을수록 전혀 상관없는 일에 몰입하는 것도 도움이 된다. 사람의 몸은 움직이면 살아나고 감정은 소모하면 줄어든다. 무엇이든 시간이 흐르면 나아지게 되어 있다. 단, 나만 무너지지 않는다면 말이다. 그러니, 어떤 일로 인해 스트레스가 많다면 몸을 움직이고, 감정은 다른 곳에 쓰자. 초조해하지 말고, 자신만의 시간을 즐기다 보면 나와 결이 맞는 사람들로 주변이 채워질 것이다. 계속해서 타인의 말을 생각하다 보면 그 말이 나의 전부가 되어버리고, 나는 점점 그 말에 따라 존재하는 사람이 되고 만다. 우리는 살면서 의도 없이 툭 뱉은 말, 감정이 실린 말, 알아보지도 않고 지레 판단한 말 같은 무수히 많은 말들을 듣게 되고 앞으로도 들을 것이다. 그때마다 그런 말을 일일이 곱씹고 생각하면 생각은 점점 굳어지고 작은 말도 받아들이지 못하는 피해의식을 가진 사람이 된다. 그래서 중요한 건, 그 말을 믿어도 될지 말아야 할지 정확한 자신만의 기준을 만들어야 한다는 것이다. 기준을 어떻게 잡아야 할지 모르겠다면 한 가지 방법을 추천한다. 그 사람의 말이 얼마나 구체적으로 설명할 수 있는지를 보면 된다. 만약 상대방이 나에게 부정적인 말을 했을 때, 그 말이 구체적으로 왜 그런지 설명하지 못한다면 그건 그 사람의 감정에 의해 만들어진 생각이거나, 와전돼서 누군가에게 들었을 가능성이 큰 것이다. 나는 그래서 마음속에 작은 창문을 만들어둔다. 그리고 어떤 말이 들어오려 할 때마다 묻는다. "이 말은 믿을 만한가? 나를 제대로 알고 한 말인가?" 그렇게 질문을 해보고, 구체적이지 않은 말들은 믿지 않는다. 반대로 그 말이 너무 구체적이고 맞는 말이라면 진심 어린 조언으로 받아들이고 있다. 타인의 말을 쉽게 믿지 않는 건, 냉정하고 고집이 센 게 아니라 나에게 해가 되는 말은 걸러내는 일이다. 아우렐리우스는 말했다. "누군가가 분노에 휩싸였다고 해서 너도 그에 물들 필요는 없다. 너 역시 이성적 판단을 할 수 있는 능력을 갖추고 있고, 그것을 바르게 써야 한다. 에메랄드가, 누가 뭐라고 하든 '왜 나만 이렇게 빛나는가?' 하고 투정하지 않듯이, 너도 누군가의 말이나 행동 때문에 너의 본질을 바꾸어선 안 된다. 선할 수 있다면, 선하게 살아라. 그것이 너의 본성이라면 지켜야 한다." 아무리 누가 나를 괴롭게 하고, 부정적인 말을 쏟아낸다고 해도, 나는 에메랄드처럼 나의 색을 간직하면 되는 것이다. 그것이 나라는 존재의 본질이고, 내가 끝까지 지켜야 할 가치이다. 누군가의 말 때문에 나를 잃지 말자. 그것을 지켜낸다면 결국 나를 가장 빛나게 만드는 힘이 될 것이다.

**"누군가가 분노에 휩싸였다고 해서
너도 그에 물들 필요는 없다.
너 역시 이성적 판단을 할 수 있는 능력을 가지고 있고,
그것을 바르게 써야 한다."**

004

영혼은
생각의 색으로 물든다

  좋은 사람을 만나면 단순히 그 사람과 함께 했던 것들이 '좋았다'가 아니라 내 생각이 확장되는 느낌을 받을 때가 있다. 여태까지 내가 보고 느낀 것들이 인생에 전부가 아니라 다른 길도 있다는 것을 깨닫게 되는 것이다. 나는 이런 사람들을 만날 때면 내 생각이 정말 협소하다고 느낄 때가 많다. 그래서 최대한 좋은 사람들과 함께하려 노력한다. 한 기사에서 이런 글을 본 적이 있다. 캐나다 퀸스대 연구에 따르면, 사람은 하루에 평

균 6천 가지 이상의 생각을 한다고 한다. 그런데 그 중 약 80%는 부정적이거나 반복적이고 쓸모없는 생각이라는 것이다. 이 분석은 우리의 일상을 돌아보면 어렵지 않게 체감할 수 있다. 유튜브나 SNS만 봐도 평범하고 단조로운 것보다는 자극적이고 부정적인 것에 더 쉽게 눈이 가고, 관심이 간다. 그래서 우리는 부정적인 생각에 사로잡히지 않기 위해서 의식적으로라도 긍정적이고 따뜻한 생각을 떠올리기 위해 애써야 하며, 나의 생각을 확장하는 것들을 계속해서 접해야 한다. 마르쿠스 아우렐리우스는 말했다. "당신의 영혼은 당신 생각의 색깔로 물든다." 즉, 영혼은 내가 품고 반복하는 생각에 따라 그 색이 달라진다는 뜻이다. 그도 자신이 어떤 생각을 하는지에 따라 인생에 큰 영향을 미친다고 보았던 것이다. 우리도 이 점을 명심해야 한다. 외부에서 오는 말은 내가 받지 않으면 되지만, 내 안에서 반복되는 생각들은 그것들로 나를 채우게 되고 그 생각은 곧 나의 태도와 행동이 된다. 무엇보다 사람은 이해관계가 맞지 않으면 친해지기가 어렵기 때문에 나의 생각과 비슷한 사람들하고만 친해지게 되어 있다. 그러다 보니 그 사람들은 나와 비슷한 생각과 말을 하게 된다. 그럼, 그 틀 안에서 변하지 않는 사고방식을 할 수밖에 없게 된다. 공통사가 게임이라면 매일 게임 얘기를 하게 될 것이고, 사업이라면 매일 사업 얘기를 하게 될 것이다. 그래서 아무리 사소해 보이는 생각일지라도, 그 생각이 누군가에게 쉽게 상처 주는 말이나 좋지 못한 영향을 끼치는 것이라면 무심코 말하지 않도록 조심해야 한다. 그럼에도 부정적인 생각이 자꾸 떠오른다면 왜 내가 이 생각을 계속하고 있는지를 생각해 볼 필요가 있다. 계속 내 머릿속에서 맴도는 생각이라면, 아마도 내 안의 어떤 상처나 과거의 일들이 트라우마로 인해 그 말에 반응하고 있는 걸지도 모르기 때문이다. 이럴 때는 잠시 멈춰서 자신에게 조용히 질문해 볼 필요가 있다. 무엇이 나를 불편하게 만들었는지, 그 생각이 지금의 나에게 어떤 영향을 주고 있는지를 말이다. 생각은 곧 말이 되고, 그 말은 나의 인성을 만든다. 그러니 더 자주 부드러운 말과 다정한 태도를 떠올리도록 노력하자. 그것이 쌓이고 반복되면, 결국 우리의 영혼은 그 색으로 물들게 될 것이다. 한 번 칠해진 색을 다른 색으로 바꾸려면 최대한 원하는 색으로만 색칠하는 방법밖에 없다. 사람도 잘 안 바뀐다. 그래서 지금, 이 순간에 어떤 생각을 품을지 선택하는 것이 정말 중요하다. 결국, 오늘 하루를 살아내는 나의 생각이 나의 색을 만드는 것이다. 하루하루 내 안에서 길러지는 생각의 색을 더 신중히 선택해 보길 바란다.

"당신의 영혼은 당신 생각의 색깔로 물든다."

005

진짜와 가짜를
잘 판별해라

　마르쿠스 아우렐리우스는 말했다. "너도 곧 세상을 잊을 것이고, 세상도 곧 너를 잊을 것이다. 얼마나 빨리 모든 것이 잊히고, 마치 존재한 적도 없었던 것처럼 여겨지는지 생각해 보라." 그렇다. 타인에 대한 이야기는 생각보다 금방 잊히고, 나에 대한 사람들의 관심은 생각보다 빨리 사라지게 되어 있다. 그래서 나의 실수를 계속해서 꺼내고 소문을 내는 사람은, 나에게 관심이 있다기보다 그저 지루한 하루의 가십거리가 필요한 것이다. 정말 그 상대방을 아끼고 생각하는 마음이라면 그렇게 쉽게 비웃고 떠들지 못한다. 그렇기에 나에 대한 안 좋은 이야기를 계속해서 상기시키고 얘기하는 사람은 멀리하는 것이 좋다. 또한 누군가가 나에 대해 좋게 말한다고 해서 내가 좋은 사람이 되는 게 아니라는 것을 알아야 하고, 누군가가 나를 비난했다고 해서 내가 나쁜 사람이 되는 게 아니라는 것을 알아야 한다. 내가 실수를 하거나 잘못된 행동을 했을 때는 타인의 시선과 말에 집중하기보다 잘못했으면 사과하고, 실수 했으면 인정하는 것이지 괜히 자신의 실수가 놀림거리가 될까 봐 두려워 도망가고 숨어 있는 태도는 옳지 못하다. 반대로 내가 잘했을 때 상대방이 칭찬을 한다고 우쭐대며 나보다 못난 사람을 우습게 보는 게 아닌, 나에 수고와 노력을 봐준 사람에게 감사를 표현해야 하는 것이다. 타인이 실수 했을 때, 계속해서 자신에게 굽신거리고, 숙이는 자세를 원하는 사람은 자신과 급을 나누고 싶어하는 사람이다. 정말 자신의 사람으로 생각한다면 진심 어린 사과에 화를 내거나, 지난 일을 계속해서 약점 잡지 않는다. 오히려 "괜찮아, 그럴 수 있지. 다음에 잘 하면 되지."라며 사과를 받아주고 힘이 나도록 격려를 해준다. 그래서 내 주변에 진짜와 가짜를 잘 구분할 줄 알아야 한다. 하지만 마르쿠스 아우렐리우스가 중요하게 생각한 건, 나를 욕하느냐 칭찬하느냐가 아니라 타인의 평가에 흔들리지 않는 삶을 살아야 한다는 점이다. 그는 "자신조차 제대로 보지 못하는 사람들의 인정을 나는 가치 있게 여기지 않는다"고 말했다. 타인의 평가에 의욕이 저하되거나 우쭐하는 사람은 무엇을 하든, 자기의 주관 없이 끌려다니게 될 뿐이다. 지금도 누군가는 당신의 이야기를 하고 있을지 모른다. 좋은 말을 하는 사람도 있을 테고, 나쁜 말을 하는 사람도 있을 것이다. 하지만 그 모든 말은 그 사람에게도 나에게도 바람처럼 지나갈 것이라는 점을 명심하자. 평판은 스쳐 가고, 삶은 쌓인다. 스쳐 갈 것들에 시간을 소비하는 것보다 하루하루 쌓여가는 나의 인생에 신경 쓰길 바란다. 평판은 그림자와 같은 것이다. 해의 방향에 따라 강아지로 보일 수도 있고, 괴물로 보일 수도 있다. 이처럼 타인이 나를 아무리 객관적으로 본다고 해도 나를 보는 각도에 따라 다르게 보일 수 있다. 그런 그림자를 보고 떠드는 말에 기분 나빠하거나, 좋아하지 않기를 바란다. 자신을 타인들이 보는 그림자로 볼 것인지, 진정한 나로 볼 것인지는 본인의 몫이니.

**"너도 곧 세상을 잊을 것이고,
세상도 곧 너를 잊을 것이다."**

006

행동이 나를
말해줄 것이다

　마르쿠스 아우렐리우스는 "행동이 아니라면 철학은 무슨 소용이 있겠는가? 사람은 자기의 본성에 따라 살아야 한다. 그리고 그 본성은 이성적이고, 공동체적이며, 행동하는 것이다"라고 말했다. 그는 말보다 행동을 중요시한 철학자였다. 로마의 황제라는 절대 권력의 자리에 있으면서도 그는 하루를 돌아보며 자신이 올바르게 살았는지를 끊임없이 생각했다. "철학은 실천하기 위한 것이다"라는 그의 신념은, 생각하는 것뿐만 아니라 삶으로 증명되어야 한다는 태도에서 비롯되었다. 이는 오늘날 우리에게도 여전히 유효하다. 우리는 자신의 진심을 잘 전달하고 싶어 하고, 억울한 것을 풀기 위해 온갖 호소를 하기도 한다. 그러나 그 진심과 오해는 말보다 행동으로 증명되게 되어 있다. 특히, 주변에 마음 놓고 편히 말할 수 있는 그런 진짜 친구가 있는 사람들이, 대개 말보다 행동으로 보여주는 삶을 사는 경우가 많다. 오해를 받기 전에 먼저 행동하고, 미움을 받기 전에 움직인다. 반대로 친구를 잃는 사람은 행동보다는 말로만 하는 사람들이 많다. '도와주고 싶다' '잘해주고 싶다'고 말하면서 자신의 이익이 필요할 때만 움직이는 그런 사람들이다. 그래서 정작 본인들은 뒷통수치는 행동을 해놓고 "내 마음은 그런 게 아닌데", "네가 너무 까칠해"라고 말한다. 우린 이런 걸 어불성설이라고 한다. 말이 이치에 맞지 않는 것. 마음의 거울은 말이 아니라, 행동이다. 그래서 범죄자들이 거짓말을 하는지 볼 때는 그 사람의 행동을 관찰한다. 입은 거짓말을 할 수 있어도 몸은 거짓말을 하지 않기 때문이다. 인간관계에서도 그 사람의 진심을 알고 싶다면 말이 아니라 행동을 봐야 한다. 내가 상대방과 어떤 말을 했고, 얼마나 많은 대화를 했는지는 중요하지 않다. 내가 얼만큼 진실되게 행동했는지에 따라 한순간에 남이 되기도 하고, 오래도록 함께하는 사이가 되기도 하는 것이다. 츤데레의 특성을 가진 사람이 매력적인 이유는 말을 센스있게 잘해서가 아니다. 말은 아니라면서 꽃을 사 오고, 중요한 순간에 몸소 행동으로 보여주기 때문이다. 그래서 사람은 내가 어떤 삶을 살아가는지에 집중해야 한다. 약속을 잡고 그 약속을 계속 깨는 사람은 신뢰를 잃게 될 것이고, 약속 장소에 늦지 않게 나와서 만나고 다음에 같이 또 놀자고 말하는 사람은 신뢰가 쌓인다. 이처럼 말보다 행동을 먼저 하고, 그 다음에 그에 따른 말을 하는 사람이 되어야 한다. 이처럼 자신의 목소리를 더 크게 내기 위해서는 순서가 필요하고, 말과 행동의 순서는 행동이 먼저이다. 우리는 치열한 경쟁 속에 산다고 생각되겠지만, 사실은 성공하기가 그렇게 어렵지 않다. 왜냐고? 90퍼센트의 사람들은 말을 하고, 단 10퍼센트의 사람들만이 행동하기 때문이다. 그 10퍼센트의 사람들과의 경쟁이 심해서 그렇지, 이미 행동한 사람은 90퍼센트의 사람을 넘어서게 되어 있다. 그렇기에 묵묵히 자기 할 일을 해내고, 남몰래 최선을 다해온 사람은 결국 그 삶이 증명해 준다. 누구보다 가까이서 행동하는 사람을 지켜보는 사람들은 굳이 말하지 않아도 안다. 그 사람이 하루를 어떻게 살아가는지, 어떤 태도로 사람을 대하는지, 얼마나 진심으로 일하고 있는지를 말이다. 상대에게 자신의 진심을 보여주고 싶다면 말보다 행동으로 보여주자.

"행동이 아니라면 철학은 무슨 소용이 있겠는가?"

타인을 판단하기 전에
먼저 생각하라

　인생을 살아가다 보면 누구나 반드시 거쳐야 할 세 가지 고비가 있다고들 말한다. 첫 번째는 건강이고, 두 번째는 외로움이며, 세 번째는 사람이다. 이 중에서도 가장 큰 스트레스를 주는 건 '사람'이라고 한다. 몸이 아프면 병원을 가고, 외로우면 다른 것들로 채울 수 있지만, 인간관계는 그렇게 간단하지 않다. 상대의 감정이나 의도를 정확히 알 수 없기에 더 힘들고, 한 번 생긴 오해는 좀처럼 쉽게 풀리지 않기 때문이다. 더구나 인간관계의 어려움은 단순히 한 사람과의 문제로 끝나지 않는다. 그로 인해 내 자존감이 흔들리고, 세상을 대하는 시선까지도 흐려질 수 있기 때문이다. 하지만 마르쿠스 아우렐리우스는 달랐다. 그는 사람과의 갈등 앞에서 감정보다 이성을 앞세웠다. 겉으로 드러난 말이나 행동보다, 그가 왜 그런 말을 했고 왜 그런 태도를 취했는지, 그 '기준'을 먼저 들여다보려 했다. 그래서 그는 이렇게 말했다. "그 사람이 왜 그런 행동을 했는지, 그가 무엇을 선이라 믿고, 무엇을 악이라 여겨 그렇게 판단했는지를 먼저 생각하라." 사람은 누구나 각자의 삶과 경험, 신념에 따라 옳고 그름의 기준을 갖고 살아간다. 나이를 먹을수록 그 기준은 더욱 단단해지고, 때로는 고집이 되기도 한다. 그래서 누군가의 말이나 행동이 이해되지 않을 때, 많은 사람들은 쉽게 관계를 끊거나 '손절'을 선택한다. 하지만 아우렐리우스의 말처럼, 그 사람의 기준에서 잠시 생각해보려는 노력은 우리로 하여금 세상을 더 깊이, 더 다르게 바라보게 해준다. 설령 이해하기 어려운 행동이라 해도, 그의 입장에서 생각해보면 그 역시 자신만의 기준 안에서 옳다고 믿었기에 그런 행동을 했다는 것을 알 수 있다. 그런데 우리가 이런 과정을 생략한 채 감정적으로 단절을 택한다면, 앞으로도 인간관계 속에서 마주치는 수많은 차이와 갈등을 이겨내기 어려울지도 모른다. 그래서 단순히 '맞고 틀림'의 문제가 아니라, '왜 그렇게 생각했을까'를 한 번쯤 묻는 태도가 필요하다. 그렇게 질문을 하는 순간, 우리는 자신만의 기준을 잠시 내려놓게 된다. 그래서 아우렐리우스는 이렇게 말했다. "그를 용서하라. 그리고 네가 애초에 그런 기준을 두지 않는다면, 그런 사람들을 더 쉽게 받아들일 수 있을 것이다." 이 말은 무조건적인 용서를 하라는 뜻이 아니다. 상대방의 행동이 내 기준에 어긋났더라도, 감정적으로 미워하거나 분노하기보다 먼저 이해하려는 자세를 가지라는 의미다. 세상은 내 기준대로 움직이지 않는다. 사람들 또한 각자 자신만의 삶의 방식과 생각으로 말하고 행동한다. 그렇기에 아우렐리우스의 말처럼 우리는 타인을 미워하기보다 조금 더 여유 있게 바라볼 줄 알아야 한다. 그래야 후회 없는 관계를 맺고 끊을 수 있다. 만약 정말 상대하기 힘든 사람을 마주했다면, 분노로 맞서거나 관계를 끊기 전에 잠시 멈추어 그 사람의 입장에서 한 번쯤 생각해보자. 그것이야말로 인생의 고비를 지혜롭게 건너는 현명한 방법이다.

"그 사람이 왜 그런 행동을 했는지,
그가 무엇을 선이라 믿고,
무엇을 악이라 여겨
그렇게 판단했는지를 먼저 생각하라."

008

겉이 아닌
본질을 보는 연습

　우리는 보이는 것을 쉽게 믿는 경향이 있다. 누군가 말끔한 옷차림을 하고 있으면 신뢰할 만한 사람이라 여기고, 반대로 외모를 가꾸지 않은 채 지저분한 행색을 한 사람에게는 본능적으로 경계심부터 갖는다. SNS에 행복한 일상만을 올리는 사람이 실제로도 행복해 보이고, 큰 목소리로 자신 있게 말하는 사람이 진짜로 똑똑하다고 느낀다. 하지만 보이는 것을 전부라 믿는 순간, 우리는 진실보다 연기에 더 쉽게 속는 존재가 될 수 있다. 마르쿠스 아우렐리우스는 "겉모습에 현혹되지 말고, 사물의 본질을 꿰뚫어 보라"고 말했다. 그는 맛있는 음식이나 근사한 요리를 앞에 두고도 그것을 단지 죽은 물고기, 죽은 새, 죽은 돼지의 시체로 바라보았고, 팔레르누스 산 고급 와인조차 결국은 포도즙일 뿐이라고 여겼다. 또한, 화려한 자색 옷도 조개 피로 물들인 양털에 불과하다고 인식했다. 이렇게 바라본 이유는 사물의 본질을 꿰뚫어 보려는 끊임없는 훈련을 통해, 자신이 욕망에 휘둘리지 않도록 하기 위함이었다. 그는 사람들의 시선을 사로잡는 것들이 무엇으로 이루어져 있는지 철저히 따져보며, 거기에 감정을 쏟지 않으려 했다. 자신 역시 맛있어 보이는 음식 앞에서, 그것이 정말 '맛' 때문인지, 아니면 그 음식을 먹는 '자기 부유함'을 즐기고 있는 건지 되묻고, 비싼 옷을 입고 기분이 좋아질 때면 그 감정이 진정한 만족에서 비롯된 것인지, 아니면 단지 타인의 시선에 잘 보이고 싶어서 그런 것인지를 판단하며, 끊임 없이 스스로를 경계했다. 특히 스스로 대단한 일을 하고 있다고 느껴질 때일수록, 그는 자신이 자만심에 빠져 있지는 않은지 더욱 조심했다. 그래서 그는 늘 스스로에게 물었다. "이것은 무엇인가? 정말로 가치 있는 것인가?" 이처럼 그는 화려한 것들이 주는 첫인상에 매몰되지 않기 위해 늘 한 걸음 물러나 사물과 감정을 바라보려 했다. 우리 역시 마찬가지다. 겉으로 보이는 것에 끌려가다 보면, 정작 중요한 본질을 놓치기 쉽다. 사람을 너무 쉽게 믿었다가 상처를 입기도 하고, 상황을 안일하게 받아들이다가 큰 낭패를 보기도 한다. 그래서일까. 진짜 지혜는 모든 것을 아는 데서 오는 것이 아니라, 모든 것을 더 깊이 들여다보려는 데서 시작된다. 어떤 말이든, 어떤 표정이든, 어떤 상황이든 그 이면에 무엇이 숨겨져 있는지를 살필 수 있다면, 우리는 더 이상 쉽게 속지 않는다. 결국 중요한 건 '겉이 아닌 속을 보려는 태도'다. 어떤 사람이 무슨 말을 했는지보다, 왜 그런 말을 했는지를 들여다보는 것이고, 어떤 상황이 벌어졌는지보다, 그 이면에 어떤 맥락이 숨어 있는지를 파악하려는 자세가 중요하다. 그렇기에 정말 좋은 사람을 만나고 싶다면,

보여지는 이미지를 보는 것이 아니라 그 사람의 내면을 보려는 노력이 필요하다. 아우렐리우스는 사람을 볼 때 겉이 아닌 속을 보려 했으며, 보이는 것에 취하지 않고 사물의 본질에 다가가려 했다. 그가 그렇게 본질을 보려 했던 이유는, 시간이 흐르면 모든 것은 사라지고, 남는 것은 껍데기가 아닌 '실체'라는 사실을 알았기 때문이다. 우리의 인생은 좋은 사람들과 좋은 것들만 보기에도 짧고 소중하다. 가짜를 상대하면서 시간을 낭비할 여유 따윈 없다는 걸 알아야 한다. 그렇기에 좋아 보이는 것들을 하고자 하기 전에, 그것의 본질부터 보기를 바란다. 시간을 쏟고 마음을 기댈 만한 사람인지, 애써 쫓아갈 만한 목표인지, 무엇을 선택하든 그 안에 담긴 '의미'부터 먼저 들여다본다면 단언컨대, 더 지혜로운 삶을 살 수 있을 것이다.

> **"겉모습에 현혹되지 말고,
> 사물의 본질을 꿰뚫어 보라."**

복수는
약한 자의 선택이다

 누군가가 나를 모욕하고, 부당하게 대할 때, 마음속에서는 자연스럽게 복수심이 일어난다. 나를 무시한 만큼 되돌려주고 싶고, 받은 상처만큼 상대를 아프게 하고 싶어진다. 하지만 마르쿠스 아우렐리우스는 복수심에 이렇게 말했다. "남이 악을 행하더라도, 너는 너 자신의 선을 지켜라." 그 말은 곧, 타인의 악함 때문에 내 마음마저 더럽히지 말라는 뜻이다. 복수는 순간의 통쾌함을 줄 수 있지만, 결국 나를 상대와 같은 사람으로 만든다. 악한 행동에 똑같이 악으로 대응하는 것은, 내가 지켜야 할 품성과 본성을 스스로 무너뜨리는 일이다. 복수는 겉보기에 나를 위한 일 같지만, 사실은 내 감정에 지는 것이다. 진정으로 강한 사람은 모욕을 당해도, 억울한 일을 겪어도, 끝까지 자신이 믿는 기준에 따라 움직인다. 그래서 선한 사람들이 정말 강한 것이다. 보이지 않는 투쟁을 계속하고 있는 것과 다름없으니 말이다. 이처럼 아우렐리우스 또한 황제에 이르기까지, 그리고 황제가 된 이후에도 끊임없이 자신 안의 분노와 교만, 좌절과 싸우며 살아갔다. 그는 외부의 사건보다, 내부의 품성을 더 중요하게 여겼다. 화를 내고, 복수를 꿈꾸는 순간, 더 이상 자신이 감정의 주인이 아니라, 감정에 끌려다니는 노예가 되어버린다는 것을 알았기 때문이다. 그래서 그는 언제나 외부의 자극에 흔들리지 않고, 오직 자기 내면의 기준에 따라 반응하려 했던 것이다. 누군가에게 복수를 하고 싶을 때, 진짜 강한 대응은 복수가 아니다. 모욕 앞에서도 내 마음을 흐트러뜨리지 않고 지켜내는 것이다. 생각해 보면, 누군가가 당신을 욕하는 이유는 당신이 그렇게 나쁜 사람이라고 말하는 것이 아니다. 그저 당신이 그 욕에 상처받고 기분 나빠하기를 바라서 하는 것이다. 그런데 당신이 무시하거나 오히려 웃고 넘긴다면, 상대방은 오히려 더 기분 나빠할 것이다. 아우렐리우스는 이런 말을 했다. "네게 잘못을 저지른 사람처럼 되지 않는 것이 가장 좋은 복수다." 살다 보면 이유 없는 욕을 먹을 때도 있고, 오해나 질투 속에서 상처를 입을 때도 있다. 하지만 그때마다 복수의 길을 택한다면, 우리는 점점 더 어두운 방향으로 끌려가게 된다. 복수는 결국 약한 자의 선택이다. 나를 괴롭힌 사람이 만든 감정에 내가 휘둘리고, 내 품성이 무너진다면, 그것은 그 사람의 바람대로 되는 것이다. 용서란 상대를 위해서가 아니라, 나 자신을 지키기 위해 하는 일이다. 상대를 미워하지 않고, 상황을 탓하지 않으며, 조용히 나의 본성과 선함을 지켜내는 것. 그것이 아우렐리우스가 말한 진짜 강함이다. 복수는 일시적인 감정을 해소할 수는 있어도, 그 이후에 남는 공허함까지 채워주지 못한다. 결국 나를 지키는 가장 좋은 방법은, 나를 흐트러뜨리려는 그 어떤 말과 행동에도 무너지지 않는 것이다. 그러니 복수를 택하기보다, 나를 지키는 쪽을 선택하자. 그리고 그가 질투하리만큼 더 멋지게 성장하자. 그것이야말로 진정한 복수다.

**"네게 잘못을 저지른 사람처럼
되지 않는 것이 가장 좋은 복수다."**

Chapter. 02

당신의 가치를
의심하지 마라

Marcus Aurelius

사람의 인정을
바라지 말라

    타인에게 자신의 능력을 인정받는 일은 매우 보람찬 일이다. 자존감을 높여주고, 삶의 방향과 목표를 세우는 데에 긍정적인 영향을 미친다. 하지만 계속해서 칭찬을 받고 인정을 받다 보면 자신도 모르게 더 잘해야겠다는 압박감이 생기게 되어 있다. 그러다 보면 더 타인에게 잘 보이기 위해 인정욕구가 커지게 된다. 그러나 사람이 늘 잘할 수 없기에, 실수를 하거나 잘하지 못했을 때 인정 욕구는 질투로 바뀌게 된다. 그 질투는 자신도 모르게 무심코 남을 깎아내리거나, 자신의 우월감을 증명하려는 행동으로 발현된다. 이런 사람들 대부분은 일을 할 때 시끄럽고, 잘한 일에 칭찬보다는 당연히 해야 하는 일을 했다는 듯 말을 비꼬아서 말한다. 질투는 부족한 사람이 나보다 나은 사람에게만 생기는 감정이라 생각할 수도 있지만, 더 나은 사람이 부족한 사람에게도 질투를 한다. 예를 들어 가난한 사람이 돈을 열심히 모아 집을 지었다고 해보자. 부자인 사람은 가난한 사람이 집을 지은 것을 보고, 질투를 조금씩 느끼게 된다. 나는 지금 내가 가진 것을 지키기에도 바쁜데, 가난한 옆집 사람이 새집을 지었다고 행복해하는 모습을 보면 자신의 삶보다 그들의 삶이 더 행복해 보이게 된다. 또한, 그들이 성장하는 모습에 금방이라도 자신을 따라잡을 거 같은 느낌을 받는 것이다. 이처럼 인정을 많이 받는 사람들은 자신보다 부족한 사람들의 성장에 쉽게 질투를 하기도 한다. 그래서 자신을 따라오지 못하도록 조금씩 깎아내리는 경향이 있다. 그러다 보면 자신의 실수나 잘못된 행동에 대해 인정하기보다는 그 일에 대한 정당성을 주장하기 급급해지고, 타인의 말을 들으려 하지 않게 된다. 그렇게 권위에 취해 무례한 행동을 스스럼없이 하게 되는 것이다. 이런 사람들 대부분이 건전한 사고방식보다는 말과 행동을 저지르고 "어쩔 수 없었어", "내 상황이 이랬어"라는 말들로 일종의 자기 합리화를 한다. 그러나 타인의 칭찬에 살아 있음을 느끼며 위안을 받는 사람은 그들의 인정이 없거나, 자기의 편을 들어주는 사람이 없다면 금세 위축되기 마련이다. 위축되는 경험을 한두 번 하게 되다 보면 그들은 결국 피해망상에 사로잡히게 된다. 그럼, 상대방이 원하는 칭찬을 하지 않거나, 말을 받아주지 않으면 "나를 무시하나?", "내가 별로인가?"라고 생각하게 되고, 그들을 자신이 원하는 대로 행동하게 하기 위해 싸우거나, 가스라이팅을 한다. 마르쿠스 아우렐리우스는 인정에 대해 이렇게 말했다. "야망은 타인의 말이나 행동에 자신의 행복을 묶는 것이고, 쾌락은 일어나는 일들에 그것을 묶는 것이며, 그리고 이성적이고 건강한 정신은 자신의 행동에 행복을 묶는 것이다." 쉽게 말해, 야망은 다른 사람이 나를 어떻게 보는지에 따라 내 기분이 좌우되는 삶이고, 쾌락은 눈앞의 일들이 어떻게 풀리느냐에 따라 기분이 달라지는 것이다. 하지만 진짜 건강한 마음은, 내가 오늘 어떻게 행동했는지에 따라 스스로 만족하는 삶이라는 뜻이다. 이처럼 타인의 인정에 기대 자존감을 세우는 삶은 늘 흔들리게 될 것이다. 한순간엔 내가 최고인 것 같다가도, 다음 날이 되면 아무것도 아닌 것처럼 느껴지는 게 사람의 마음이다. 그래서 마르쿠스 아우렐리우스는 "우리는 다른 누구보다도 자신을 사랑한다고 말하면서도, 정작 자기 생각보다 남의 의견을 더 중요하게 여긴다."라고 말했다. 옛날이나 지금이나 사람은 수시로 타인과 나를 비교하며 살아왔다. 누군가의 장점을 자신의 단점으로 보면 스스로를 더욱 사랑하지 못하게 된다. 그래서 현명한 사람은 타인의 의견과 인정보다 자신이 얼마나 노력했고, 어떤 마음으로 지금까지 살아왔는지를 생각한다. 그 노력만큼은 자신만 알 수 있으니까 말이다. 내가 잘 보이기 위해 99번 완벽하게 잘해도 1번의 작은 실수로 실망하고 떠나는 게 사람이다. 그러니, 너무 타인의 인정을 받으려 하지 말고, 또 내가 너무 특별해야 한다는 생각을 버리길 바란다. 오히려 타인이 나를 알아주지 못한다고 서운해하기보다, 칭찬에 눈이 멀어 내가 타인의 노력을 알아주지 못할 것을 걱정하자.

**"우리는 다른 누구보다도
자신을 사랑한다고 말하면서도,
정작 자기 생각보다 남의 의견을 더 중요하게 여긴다."**

002

스스로 충분하다는 믿음

　마르쿠스 아우렐리우스는 말했다. "행복한 삶을 위해 필요한 것은 아주 적다. 그것은 모두 너 자신 안에 있고, 너의 생각 방식 안에 있다." 세상에는 수많은 기준과 잣대가 있다. 누군가는 언제쯤 결혼을 해야 한다고 말하고, 누군가는 그 나이에 돈을 모아야 나중에 편해진다고 말한다. 이렇게 우리는 나보다 앞서간 선배나, 어른들의 말을 듣다 보면 괜히 조급해지고 "나만 뒤처지고 있는 건 아닐까? 내가 잘못된 판단을 한 걸까?"

라며 불안해질 때가 많다. 그러나 웃긴 건, 그들이 말하는 기준과 잣대가 철저히 본인 기준이라는 것이다. 30대에 성공한 사람은 20대 때부터 열심히 해야 된다고 말하고, 60대에 성공한 사람에게는 늦어도 괜찮으니 지금 시작하라고 말한다. 이처럼 그들의 기준은 그들의 살아온 인생에 대한 의견이지 정답은 아니다. 그래서 나의 기준을 그들의 말에 맞춰서 생각할 필요가 없다. 우리가 중요하게 생각해야 할 건, 그들의 기준과 말이 아니라 세상은 원래 불공평하다는 것을 인정하는 것이다. 대부분의 사람들이 불공평하다는 것을 알면서도 그것을 인정하는 삶을 살지 않는다. 남들이 하는 만큼만 공부하고 성적이 오르지 않는다고 말하고, 먹고 싶은 거 먹고, 하고 싶은 거 다 하면서 돈이 없다고 말한다. 정말 자신이 부족하고 불공평한 세상에 살고 있다는 것을 아는 사람은 남보다 더 노력하고 성장하려고 애쓰는 삶을 산다. 그리고 그들이 성과를 내고 성취를 하는 사람이 되는 것이다. 우리도 더 성장하는 삶을 살고 싶다면, 세상이 불공평하다는 것을 인정하고 부족한 부분을 채우려 노력하는 삶을 살아야 한다. 노력에는 대가가 따르고 해낸 만큼 내 땅이 되는 법이다. 그렇기에 그만한 노력을 한 사람은 뒤를 돌아보지 않고, 후회를 하지 않는다. 즉, 타인과 비교해 괜찮은 사람이 되는 것이 아니라, 어제의 나보다 조금 더 나아진 내가 되어가는 것, 그것을 우리가 살아가는 방향으로 잡아야 한다. 노력도 하지 않고 무언가를 열심히 해서 해낸 사람을 부러워하는 건 그 사람의 노력을 못 본 체하는 것과 같다. 그들을 보고 부러워하기보다는, 존경하고 인정하는 태도를 가진 나에게 힘을 불어넣어주자. 보기에는 화려해 보여도, 그 안에 어떤 외로움과 고통이 있는지는 아무도 모른다. 눈에 보이는 결과가 다가 아니고, 숫자가 인생의 전부가 아니다. 더 빠르게 올라가는 것보다 더 오래 버티는 것이 중요할 때도 있다. 그래서 아우렐리우스가 말했듯, 나 스스로가 나에게 만족하는 삶을 살아야 한다. 그들의 인생에서 나온 기준에 나를 맞추려고 애쓰지 말고, 내가 걸어온 길, 내가 견뎌낸 시간, 내가 해온 노력이 있다면 그걸로 충분하다. 그렇다고 그것을 다 이뤘다고, 무언가를 해냈다고 꼭 행복한 것도 아니다. 중요한 건 내가 나를 믿어주고 나의 하루를 어떤 생각으로 행복하게 지내느냐이다. 아우렐리우스가 말한 말의 본질은 여기에 있다. 꼭 완벽하지 않아도 괜찮고, 빠르지 않아도 좋다는 것. 타인의 시선보다 더 중요한 건 나를 바라보는 나의 시선이라는 것. 그리고 내가 만족한 삶이라면 그것으로 족하다는 것이다. 인생은 경쟁이 아니라 각자의 속도로 완성해 가는 하나의 퍼즐이다. 내가 조금 늦게 맞춰도, 가끔은 다른 곳에 잘못 끼워 넣어도 결국 퍼즐은 완성될 것이고, 멋진 그림이 나올 것이다. 타인보다 늦었다고 허겁지겁 끼워 맞추다 보면 그 조각을 잃어버릴 수도 있고, 퍼즐을 맞추는 재미를 느끼지 못할 수도 있다. 그 퍼즐을 재밌게 맞추기 위해서는 자신이 좋아하는 방법으로 맞춰나가면 된다. 혼자 맞추는 것을 좋아하면 혼자 맞추면 되고, 함께 맞추는 것을 좋아하면 함께 맞추면 된다. 그 안에 나만의 의미가 있다면 그것으로 충분하다. 그렇게 한다면, 나는 이미 충분히 잘 살고 있는 것이다.

"행복한 삶을 위해 필요한 것은 아주 적다.
그것은 모두 너 자신 안에 있고,
너의 생각 방식 안에 있다."

003

내 삶에는
내 속도가 있다

사람의 인생에는 저마다의 속도가 있다. 황제였던 마르쿠스 아우렐리우스도 원래는 황제가 될 수 없는 사람이었다. 당시 로마의 황제 자리는 단순히 가문의 명예를 잇는 일이 아니라, 로마 전체를 책임지는 국가 경영자의 자리에 서는 일이었다. 친자식이라고 해서 무조건 능력 있고, 인품이 좋은 건 아니었기에 나라를 지켜야 할 책임감 앞에서는 '혈통'보다 '역량'이 더 중요시됐다. 그래서 로마 황제는 신뢰할 수 있는 인물, 정치적

준비가 된 사람을 교육하고 경험을 쌓게 했다. 로마에는 특별한 전통이 있었다. 바로 양자 제도다. 친자식이 아니더라도 국가를 이끌 수 있는 자질을 갖춘 사람이라면 법적으로 자식으로 삼아 후계자로 키우는 것이다. 마르쿠스 아우렐리우스도 그랬다. 그는 로마 귀족 출신으로 어릴 때부터 철학과 문학, 법률을 배우며 자라났다. 특히 스토아 철학에 깊은 관심을 가졌던 그의 성품은 하드리아누스 황제의 눈에 들었다. 하드리아누스는 다음 황제인 안토니누스 피우스에게 조건을 내걸었다. 마르쿠스 아우렐리우스를 양자로 삼아 그를 직접 키우라고 말이다. 그렇게 그는 열일곱 살에 황제 후보가 되었다. 하지만 그 자리까지 가는 길은 결코 쉽지 않았다. 그는 그 후로 무려 23년 동안 정치와 행정을 배우고 군사 경험을 쌓으며 스스로를 단련했다. 또한 집정관(로마의 최고 행정·군사 책임자)을 세 번이나 역임하며 로마의 실무를 직접 익혔고, 수많은 책을 읽고 자신의 생각을 글로 정리했다. 그 시간들은 그를 황제의 그릇에 맞게 만들어 주었다. 결국, 그는 마흔의 나이에 로마

제국의 황제가 되었다. 로마는 스스로를 다스릴 수 있고, 삶을 통해 자격을 증명해 낸 사람에게 황제의 자리를 내어주었다. 마르쿠스 아우렐리우스는 그런 사람이었다. 그는 조급한 마음이 들 때 이렇게 적었다고 한다. "자연은 서두르지 않는다. 어떤 일이 막 일어났다고 해도, 곧 사라지고 또 다른 일이 그 자리를 대신하며, 그것도 곧 사라진다. 일어나는 모든 일은 태초부터 그렇게 되기로 예정된 일이었다. 일어나는 모든 일은 반드시 그렇게 일어나야 하는 방식대로 일어난다. 주의 깊게 본다면 그것을 알 수 있다." 우리도 조급해질 때마다 이 문장을 떠올려야 한다. 요즘 세상은 너나 할 거 없이 모두가 바쁘게 살아가는 세상이다. 조금만 정보가 늦어져도 타인과 격차가 벌어지는 것을 느낄 수 있다. 그래서 더욱 남의 발걸음에 조급해하지 말고, 괜한 발걸음에 넘어지지 않도록 스스로를 다그치지 않아야 한다. 지금 내 걸음이 느리게 느껴진다면 그것은 내가 더 오래 준비하고, 더 깊게 쌓아가야 하는 시기라는 것이다. 빠르게 앞서가는 삶이 전부가 아니다. 아우렐리우스처럼 오래도록 단단하게 버텨야 하는 삶도 있다. 다 각자만의 때가 있는 것이다. 능력이 있는 사람은 강인하고 빠른 사람이 아니라, 자신에게 주어진 것을 잘 활용할 줄 아는 사람이다. 마르쿠스 아우렐리우스는 말했다. "자신의 본성에 맞는 것을 받는 데에 피곤함을 느끼는 사람은 없다. 고통스러운 것은 오직 본성에 어긋나는 일뿐이다." 즉, 내가 옳다고 믿는 길을 따라 사는 삶은 피로하지 않으며, 잘못될 수 없다는 뜻이다. 괜히 다른 사람의 속도를 따라가느라 나를 잃는 것보다, 나만의 시간을 살아가는 일이 훨씬 더 중요하다. 내 삶의 속도는 내가 정하는 것이다. 어쩌면 지금 이 느린 걸음이 나에게 꼭 필요한 시간일지 모른다. 지금의 정체기가 나중에 나의 끈기를 만들어주고, 지금의 슬럼프가 중요한 순간에 이겨낼 수 있게 해주는 좋은 경험이 될지 모른다. 그러니, 나만의 의미와 시간이 흐르고 있다는 것을 명심하길 바란다. 포기만 하지 말고 묵묵히 걸어 나가는 사람은 언젠간 자신만의 꽃을 피우게 될 것이다.

"자연은 서두르지 않는다.
그러나 모든 것은 제때 이루어진다."

004

좋은 사람이
되고 싶다면

　누구나 좋은 사람이 되고 싶어 한다. 하지만 정작 현실에선 마음처럼 되지 않을 때가 많다. 그래서일까. 많은 사람들은 자신의 좋은 점을 말하며 관심을 끌려 한다. 하지만 내가 인생에서 만난 좋은 사람들은 자기가 얼마나 좋은 사람인지 설명하지 않았다. 그들과 있으면 시간은 빨리 갔고, 함께 미래를 꿈꾸게 됐으며, 서로 칭찬에 인색하지 않게 되었고, 다퉜을 때 화를 내지 않아도 풀 수 있었다. 무엇보다 그들과 함께 있으면 불편함이 없었다는 것이다. 불편함이 없다는 건, 대화 코드가 잘 맞고 생각이 같아서가 아니라 한쪽이 편한 만큼 다른 한쪽이 배려를 해줬다는 증거이다. 즉, 내가 착하고 이해심이 많아서가 아니라 상대방이, 내가 불편할 것을 미리 생각하고 배려해 준 것이다. 마르쿠스 아우렐리우스도 이런 말을 했다 "좋은 사람이 어떤 사람인지에 대해 논쟁하는 것을 그만두고, 그냥 그런 사람이 되어라." 그는 말보다 실천이 더 많은 것을 말해준다고 했다. 말은 누구나 할 수 있지만, 행동하는 건 쉽지 않기 때문이다. 누군가에게 상처를 주지 않기 위해 말끝을 고르고, 작고 사소한 친절을 놓치지 않으려 애쓰는 것은 관심과 배려가 있어야 가능한 일이다. 또한 그러한 배려는 결코 하루아침에 만들어지는 것이 아니다. 그만큼 자신이 불편해보고 힘들어해 보면서 깨닫게 되었기에 배려할 줄 아는 것이다. 어쩌면 좋은 사람이라는 건 거창한 게 아니라, '나는 이런 사람이 되고 싶어'라고 마음먹고, 그 마음을 잊지 않고 단 한 번이라도 실행에 옮기는 사람일지도 모른다. 그렇게 꾸준히 생각하고 애쓰며 만든 결과로 인품이 만들어진 게 아닐까 싶다. 사람들은 완벽을 원하는 거 같지만 사실 완벽보다는 노력을 통한 변화를 더 좋아하고, 말로만 하는 배려보다는 진심이 보이는 행동에 더 감동받는다. 그렇기에 꼭 좋은 사람이 되지 않아도 되고, 꼭 완벽하지 않아도 된다. 부족함에도 매일 조금씩 더 괜찮은 내가 되기 위해 애쓰는 사람이라면 그걸로 족하다. 보고 싶다는 말보다는 먼저 찾아가 얼굴을 마주 보는 것, 도와주고 싶다는 말보다는 먼저 그 짐을 들어주는 것. 아낀다는 말보다는 정말로 함부로 대하지 않는 것. 자신이 싫은 것은 남에게도 하지 않는 것. 그런 마음가짐과 행동으로 보여주는 태도는 결국 나를 좋은 사람으로 만들어 줄 것이다. 좋은 사람이 되고 싶다고 말하는 대신, 그런 사람이 되기 위해 먼저 행동하자.

> **"좋은 사람이 어떤 사람인지에 대해
> 논쟁하는 것을 그만두고, 그냥 그런 사람이 되어라."**

005

싸움에서 지더라도
품성에서는 지지 말라

 마르쿠스 아우렐리우스는 이렇게 말했다. "경기장에서 자기와 맞붙은 사람을 쓰러뜨리는 일에서는 다른 사람들이 너보다 더 나아도 괜찮다. 그러나 공동체 정신이나 겸손함, 모든 상황을 순순히 받아들이는 마음, 그리고 사람들의 잘못을 너그럽게 받아주는 태도에서는 절대 다른 사람보다 뒤처져서는 안 된다." 우리는 누군가와의 경쟁이나 싸움에서는 목숨을 걸어서라도 지기 싫어하면서, 정작 품성과 태도에서는 얼마나 노력하고 있는지 돌아보지 못할 때가 많다. 하지만 아우렐리우스는 싸움에서는 져도 괜찮지만, '품성'에서는 절대 져선 안 된다고 말한다. 이런 일화를 들은 적이 있다. 주차장에서 차량을 안내하던 분이 있었다. 한 회장이 정말 일을 잘해 데려오고 싶어서 물어보니, 이미 20곳 넘는 회사에서 제안이 왔었다고 한다. 이때 그 회장은 느꼈다. 사장들이 다 똑같은 마음이라는 걸. '단순히 차량을 안내하는 일인데 왜 데려오려고 해?'라고 할 수 있지만, 그 사람의 품성 하나로 모두가 그를 원했다는 것이다. 결국 핵심은 실력이 아니라 사람의 됨됨이라는 것이다. 품성 좋은 사람을 데려오면, 사장의 역할은 그 사람이 그 일에서 '보람'을 느끼게 해주는 것이다. 예를 들어 포스터 작업을 맡겼다고 하며. 그 사람이 아이디어를 내고 자율적으로 완성했다면 자긍심이 생길 것이다. 그런데 '이건 글자 수가 왜 이래', '이건 바꿔' 하면서 시키는 대로만 하게 만들면, 애정도 없어지고 떠나게 된다는 것이다. 그러니까 결국, 무언가 내가 스스로 창의적으로 일을 해서 보람과 업무가 매칭되면 남아 있는다는 것이다. 즉, 사장의 역할은 품성 좋은 사람을 데려다가 그 사람이 이 일에서 보람이 있을 수 있게 만들어 주는 것이다. 이 이야기처럼, 우리가 중요시 생각해야 할 점은 내가 얼마나 능숙하고 빠르게 일을 하느냐보다, 그에 맞는 품성을 갖추었느냐이다. 그런 사람은 어떤 일을 하든 신뢰를 얻게 되어 있다. 경쟁은 다른 잘하는 사람으로 언제든 대체될 수 있지만, 품성은 어떤 것으로도 대체될 수도 없다. 그러니 경쟁에서 이기려 애쓰기 전에, 품성에서는 지지 않으려는 사람이 되자. 내가 성품 좋은 사람이 된다면, 경쟁에서 지더라도 사람들은 나를 이긴 사람처럼 격려할 것이고, 실패해도 다시 일어나라며 손 내밀어 줄 사람들이 곁에 남을 것이다. 큰 일을 하기 전에, 먼저 품성을 갖추려는 사람이 되자. 승부는 순간이지만, 품성은 평생 갈 것이다.

"경쟁에서는 져도 괜찮다.
그러나 품성에서는 절대 지지 말아야 한다."

006

품격은 작은 습관에서 시작된다

　마르쿠스 아우렐리우스는 이렇게 말했다. "네 행동은 단순하고 겸손하게 하라. 그러나 너의 생각은 관대하고 위대하게 하라." 우리는 종종 '한 번뿐인 인생, 거창하게 살아야 한다.'는 다짐을 하며 살아간다. 처음에는 열심히 공부하고, 운동하고, 자기계발에 힘을 쏟지만, 어느새 그 거창함이 나를 성장시키기 위한 것이 아니라, 타인의 눈에 어떻게 보일지를 의식한 과시로 변질되곤 한다. 그래서일까. 아우렐리우스는 또 이렇게 말했다. "남들이 보든 보지 않든 상관없이, 너는 너의 일을 하라. 강물은 바다로 흘러가면서도 자기를 뽐내지 않는다." 강물이 조용히 흐르다 보면 언젠가 바다로 가듯, 우리의 인생도 마찬가지다. 무언가를 시작할 때 겉으로 당장 눈에 띄는 성과가 없더라도, 그 시간들이 쌓이면 실력은 좋아지고 마음은 여유로워진다. 그래서 처음부터 굳이 초조해하지 않아도 된다. 지금 당장은 아무 변화가 없는 것처럼 보여도, 우리가 쌓아가는 작은 행동들은 분명히 제 자리를 만들어 간다. 오늘의 꾸준함은 내일의 성장을 부른다. 원래 작은 노력은 티가 나지 않는다. 누구나 그정도는 노력할 수 있으니 말이다. 남들도 다 하는 만큼 했다고 거창하게 무언가를 해낼 거라는 생각은 오만이다. 하지만 그 작은 행동들이 쌓여 결국 사람의 마음을 움직이고, 세상을 조금씩 바꾸게 되어 있다. 무엇이든 한 번에 잘 되는 법은 없다. 진정한 위대함은 조용히, 그러나 단단하게 쌓인다. 진짜로 존경받는 사람들의 공통점은 타인의 인정보다 자신의 품격을 중시한다는 점이다. 그들은 말투나 태도에서 품위를 잃지 않으며, 꾸준한 노력과 감정 조절, 기본적인 매너와 배려로 자신을 다듬는다. 겉으로는 타인을 배려하는 것처럼 보이지만, 실은 자신을 한층 성장시키는 길을 걷고 있는 것이다. 하수는 자신을 높이기 위해 타인을 깎는다. 반면 고수는 자신을 낮추며 타인의 약점을 찾는다. 하수는 드러냄으로써 가치를 얻으려 하고, 고수는 겸손함 속에서 더 많은 것을 배운다. 이 둘의 차이는 바로 '여유'에서 갈린다. 고수는 남에게 휘둘리지 않는 삶을 살기에 더 여유롭고, 하수는 남에게 잘 보이려 행동하기에 늘 초조하다. 여유는 스스로에 대한 신뢰에서 나온다. 고수는 이미 자신의 가치를 알고 있기에 굳이 드러내지 않는 것이고, 하수는 아직 자신을 믿지 못하기에 끊임없이 증명하려 하는 것이다. 진짜 실력은 조용한 자신감에서 비롯된다. 말보다 행동으로 보여주고, 인정받기보다 먼저 자신에게 떳떳한 삶을 살아가는 것, 그것이 진정한 고수의 태도다. 아우렐리우스의 말처럼, 강물이 스스로를 자랑하지 않고 바다를 이루듯 우리도 고수의 마음으로 살아가면 된다. 그는 이렇게도 말했다. "사소한 일에도 품위 있게 행동하라. 품위는 작은 것에서 무너지고, 작은 것에서 지켜진다." 결국 삶을 채우는 건 거창한 장면들이 아니라, 작고 평범한 순간들의 합이다. 소박하지만 단단한 하루하루가 쌓여, 우리의 인생도 어느 날 바다처럼 깊고 넓어질 것이다. 아무도 보지 않는 것 같아도, 사실은 모두가 지켜보고 있다. 그러니 남의 시선을 좇기보다, 스스로에게 당당해지는 삶을 선택하자.

**"네 행동은 단순하고 겸손하게 하라.
그러나 너의 생각은 관대하고 위대하게 하라."**

007

내가 정말
잘 살고 있다는 증거

　누구나 한 번쯤은 억울한 순간을 겪게 된다. 열심히 한 일에, 선한 마음으로 한 행동에도 험담과 오해를 받을 때가 있다. 하지만 정말 내가 옳은 행동을 했다고 믿는다면, 그것은 단순한 오해가 아니라 어쩌면 질투일지도 모른다. 마르쿠스 아우렐리우스는 이렇게 말했다. "선한 일을 하고 욕을 듣는 것은 제왕다운 일이다. 네가 선한 일을 하고 있다면, 그에 대한 비난을 견뎌라." 이는 리더들에게 정말 중요한 말이다. 진정한 리더는 무슨 일을 하든 좋지 못한 말을 듣게 되어 있다. 모든 사람을 만족시킬 수 없으니까 말이다. 그래서 아우렐리우스는 옳은 길을 걸으면서도 욕을 견딜 수 있어야 한다고 말한 것이다. 세상은 원래 바른말을 하면 미움을 샀고, 올바른 행동을 하면 손가락질을 당했다. 그러나 그런 시선을 두려워해 자신의 길을 포기하는 사람은 패배자가 되었다. 욕을 듣는다고 해서 움츠러들 필요는 없다. 오히려 그것을 내가 정말 잘 해내고 있다는 신호로 받아들이자. 남들이 뭐라고 하든, 내가 옳다고 믿는 방향으로 묵묵히 걸어가는 것. 그것이야말로 진짜 용기고, 진정한 리더십이다. 세상의 시선은 바람처럼 흔들리지만, 나의 신념은 뿌리처럼 단단해야 한다. 험담은 곧 사라지고, 진실은 결국 드러나기 때문이다. 세상 모두가 고개를 끄덕이는 선택만을 좇다 보면, 우리는 결코 자신의 길을 걸을 수 없다. 차라리 불편한 말을 듣더라도, 묵묵히 옳은 방향으로 나아가야 한다. 그깟 시선과 욕이 무서워 아무것도 하지 못한다면, 무엇을 하든 어디서든 끝내 성공할 수 없다. 내가 잘못한 것이 없고,

당당하다면 포기하지 말고 담대히 나아가 보길 바란다.

**"네가 선한 일을 하고 있다면,
그에 대한 비난을 견뎌라."**

008

항상 꿈은 크게
가져야 하는 이유

   살다 보면 해야 할 이유보다 하지 말아야 할 이유를 먼저 떠올리는 게 습관이 된 사람이 있다. 무언가를 제안하면, 그보다 먼저 난처한 표정을 지으며 '안 되는 이유'부터 말하는 사람들이다. 시작도 하기 전에 결과를 단정 짓고, 시도조차 하지 않으려는 태도는 자신뿐 아니라 주변의 의지도 꺾어버린다. 예를 들어 돈을 많이 벌고 싶다고 말하면서 같이 일하자고 하면 "힘든 거 아니냐"고 말하고, 같이 무언가를 하자고 하면 "시간이 없어서 못해"라고 말한다. 그럼 나 혼자 무언가를 한다고 말하면 "그거 쉽지 않을 걸?" 이런 말들로 다짐과 목표를 무너뜨리려 한다. 아쉽게도 우리는 이런 말들에 쉽게 넘어가곤 한다. 혹여나 그 말이 맞는 말일지도 모른다는 불안과 혼자만 다른 길을 가는 것 같은 두려움, 혹은 인정받고 싶다는 욕망 때문이다. 하지만 마르쿠스 아우렐리우스는 이렇게 말했다. "아침에 일어날 때 스스로에게 말하라, 오늘 내가 상대하게 될 사람들은 참견하기 좋아하고, 은혜를 모르는 자들이며, 오만하고, 부정직하며, 질투심 많고, 심술궂을 것이다." 그렇다. 내가 하고자 하는 것에 대부분 초를 치는 사람들은 자신의 이러한 작은 한마디가 타인에게 얼마나 큰 영향을 미치는지 생각하지 않는 사람들이다. 그래서 나의 원대한 꿈을 말하면 질투하고, 잘 되는 모습을 보면 괜히 시기를 하는 말들을 하는 것이다. 이런 이들에게 휘둘리지 않기 위해 우리가 알아야 할 건, 이들이 우리의 인생을 대신 살아주지 않는다는 것을 명심하는 것이다. 아무리 누가 뭐라 해도, 결국 내가 향하려는 방향은 나만이 결정할 수 있다. 그 말에 따라 자꾸 방향을 틀면 결국 어디에도 도착하지 못하게 되고 그곳에서 빙빙 돌게 된다. 그러니 타인의 말에 맞춰 내 걸음을 멈추거나 돌아가려 하지 말아야 한다. 내 인생을 내 속도에 맞추려면 나만의 기준과 가치가 있어야 한다. 그 높고 위대한 황제였던 마르쿠스 아우렐리우스조차도, 사소한 말에 흔들렸기에 아침마다 되뇌라고 한 것이다. 아무리 단단한 사람이라도 말 앞에서 무너지게 되어 있다. 마르쿠스 아우렐리우스도 "남들이 뭐라 하든, 나는 본래의 목적을 잃지 않으려 한다."라고 말했다. 이 말은 한 인간으로서 자신의 방향을 지키겠다는 다짐이기도 하다. 우리 역시 마찬가지다. 정확한 목표가 없다면 흔들리고, 결국은 길을 잃는다. 그래서 누군가 나를 판단하더라도, 내가 왜 이 길을 걷고 있는지를 잊지 않아야 한다. 목적이 분명한 사람들은 누군가 안 될 거라 말했을 때 말로 설득하기보다 묵묵히 증명해 낸다. 말에 흔들리지 않기 위해서는, 내가 향하는 이유를 스스로 끊임없이 되새겨야 한다. 사람은 누구나 흔들릴 수 있다. 하지만 흔들릴 때마다 중심을 다시 잡아주는 것은 결국 '왜'라는 질문에 대한 나만의 답이다. 목표는 단지 결과가 아니라, 내가 이 길을 선택한 이유를 잊지 않도록 붙잡아주는 기준점이다. 남들이 뭐라고 하든, 그 말에 휩쓸리지 않기 위해선 내 안의 방향감각을 확실히 하기 바란다. 이왕이면 무언가를 이루겠다기보다 그곳에서 '최고'가 되겠다는 마음을 잡자. 뭐든 꿈은 크게 갖는 게 좋다. 그래야 그 꿈이 부서져도 조각은 클 테니 말이다. 그러니 항상 최고를 노리자. 그럼 더욱 흔들리지 않고, 앞으로 나아갈 수 있을 것이다. 또한 속도가 느려도 괜찮다. 중요한 건 빨리 가는 것이 아니라, 끝까지 가는 것이니까.

> **"오늘 내가 상대하게 될 사람들은
> 참견하기 좋아하고, 은혜를 모르는 자들이며,
> 오만하고, 부정직하며, 질투심 많고,
> 심술궂을 것이다."**

오늘의 생각이
내일을 만든다

사람의 마음은 내가 매일 어떤 생각으로 채워지는가에 따라 그 모양이 조금씩 바뀐다. 내가 날카로운 말을 생각하면 뾰족해지고 내가 부드러운 생각을 하면 둥글게 변한다. 그렇게 모난 성격과 둥근 성격으로 나뉘게 되는 것이다. 마르쿠스 아우렐리우스도 위와 같은 말을 했다. "내 마음의 품성은 내가 어떤 생각들을 자주 하느냐에 따라서 결정될 것이다." 그래서 우리는 매일 어떤 생각을 품고 살아가는지가 중요하다. 작은 걱정도 자주 떠올리면 불안이 되고, 사소한 분노도 반복되면 공격성이 된다. 반대로 감사와 배려를 자주 떠올리면 마음은 자연스레 따뜻해지고 부드러워진다. 결국, 마음의 모양은 내가 매일 들여다보고 물들이는 생각의 색에서 비롯된다. 이처럼 내가 어떤 생각을 하고 어떤 마음을 품느냐에 따라 나의 행동과 말이 바뀌게 되어 있다. 이는 내가 어떤 삶을 살지 정하는 것과 같다. 때문에 내가 어떤 생각들을 품고 있는지 자주 살펴야 한다. 괜찮은 척하며 살아가지만, 사실은 나를 갉아먹고 있는 걱정이나 비교, 후회 같은 생각들이 오랫동안 지배해왔다면 긍정적인 생각을 하려고 노력해야 할 것이고, 반대로, 용기, 절제, 배려, 진실 같은 나를 더 성장시켜 주는 생각들이 자리를 잡고 있다면 이런 마음이 부정의 감정으로 무너지지 않도록 마음을 다잡아야 할 것이다. 그래서 아우렐리우스는 생각하는 힘에 대해 이렇게 말했다. "의견을 만들어내는 능력을 존중하라. 모든 것은 이 능력에 달려 있다. 너는 그것을 자연에 부합하게 만들 수 있는 힘을 갖고 있다. 이 능력에서 바로 우리는 상황에 적응하고, 일어나는 일에 만족할 수 있는 힘을 얻는다. 신은 이 목적을 위해 우리에게 이 능력을 주셨기 때문이다." 쉽게 말해서 우리가 어떤 일을 맞닥뜨렸을 때, 그것을 해석하고 의미를 부여하는 것은 전적으로 우리에게 달려 있다는 것이다. 예를 들어, 누군가 나를 무시했을 때, 내가 "저 사람 말은 별로 중요하지 않아"라고 생각하면 마음이 괜찮아질 것이고, 반대로 "왜 나를 무시하지? 나한테 문제가 있나?"라고 생각하면 하루 종일 괴로울 것이다. 결국 같은 상황이라도 어떤 해석을 하느냐에 따라 우리의 하루는 전혀 다른 얼굴을 갖게 된다는 것이다. 그래서 우리는 스스로에게 자주 물어야 한다. '나는 지금 어떤 생각을 반복하고 있는가?' '지금 내 마음을 지배하는 생각은 나를 지켜주는가, 아니면 갉아먹고 있는가?' 마음은 저절로 단단해지지 않는다. 날마다 품는 생각들이 쌓여 지금의 내가 만들어진다. 그렇다면 이제는 나를 무너뜨리는 생각들 대신, 나를 회복시키는 생각을 선택해야 한다. 내가 품은 생각이 결국 나의 말이 되고, 나의 태도가 되며, 나의 삶을 결정하게 된다. 아무리 바쁘고 힘든 하루라 해도, 지금 내 마음을 물들이는 생각이 무엇인지 한 번쯤은 들여다보자. 그 사소한 점검이 당신의 내일을 바꿀 수 있다.

**"내 마음의 품성은 내가 어떤 생각들을
자주 하느냐에 의해서 결정될 것이다."**

010

정말 강한 사람

　마르쿠스 아우렐리우스는 로마 황제였지만, 누구보다도 자신을 끊임없이 돌아보고 스스로를 경계했던 사람이었다. 당시 로마는 세계 최강의 제국이었고, 황제는 절대적인 권력을 가진 존재였다. 수많은 사람들의 칭찬과 아첨, 권력 다툼이 끊이지 않는 자리에서 그는 자칫하면 자신을 잃기 쉬운 위치에 있었다. 그러나 아우렐리우스는 그런 빈말과 형식적인 칭찬 속에서는 삶의 진짜 의미를 찾을 수 없다고 믿었다. 그는 권력이 사람을 부패시키는 것이 아니라, 자기 자신을 돌보지 않는 태도가 사람을 무너뜨린다고 생각했다. 겉으로 아무리 위대해 보여도 자신에게 솔직하지 못하고 마음속 진실을 외면한다면, 결국 스스로 무너질 수밖에 없다는 것을 알았던 것이다. 그는 이렇게 말했다. "너는 네 생각을 거르는 데 익숙해져야 한다. 그래야 누군가 '지금 무슨 생각을 하고 있느냐'고 물었을 때, 주저하지 않고 '나는 지금 이런 생각을 하고 있어'라고 즉시 대답할 수 있다." 이 말은 스스로 자신의 생각을 잘 들여다보고, 불필요하거나 해로운 생각은 걸러낼 수 있는 훈련이 필요하다는 뜻이다. 자신의 생각을 점검하고 정리하는 일은 단순한 사고 훈련이 아니라, '삶을 어떻게 살아갈 것인가'에 대한 태도이기도 하다. 그래서 그는 또 이렇게 말했다. "사람이 살아갈 수 있는 곳이라면, 그 어디에서도 잘 살아갈 수 있다. 궁정에서도 자신을 지킨다면, 그 곳에서도 선하게 살아갈 수 있다." 궁정처럼 아첨과 탐욕, 질투가 얽힌 공간에서도 자기 자신을 지키며 살아갈 수 있다면, 어디서든 살아갈 수 있다는 의미다. 그리고 이러한 마음가짐은 오늘날에도 여전히 중요하다. 지금 우리가 살아가는 사회 역시 궁정 못지않게 복잡한 이해관계와 감정이 얽혀 있다. 직장에서는 아첨과 경쟁이 일상이 되고, 인간관계 속에서는 질투와 오해가 끊임없이 생겨난다. 그런 환경 속에서 흔들리지 않고 자기 자신을 지키며 살아간다는 것은 결코 쉬운 일이 아니다. 그럼에도 불구하고, 아무도 알아주지 않아도 진심에서 우러난 작은 행동, 눈에 띄지 않는 자리에서 묵묵히 지켜낸 정직함은 어디서든 살아갈 힘을 준다. 그래서 진짜 강한 사람은 보이지 않는 곳에서도 꾸준한 사람이다. 누군가 봐주지 않아도 끝까지 해내는 사람은 누구보다 단단한 마음을 지닌 것이다. 이처럼 꾸준히 자신의 하루를, 누군가 인정해 주지 않아도 성실하게 살아내고 있다면, 당신은 이미 충분히 강한 사람이다. 회사에 다닐때도 마찬가지다. 당신이 월급 얼마를 벌어가는가보다 더 중요한 것은, 당신이 묵묵히 그 일을 하고 있다는 사실이다. 아침 일찍 억지로 눈을 떠 일터에 나가고, 맞지 않는 사람들과 티격태격

하며 싸우고, 자신을 낮추면서까지 아등바등 정직하게 돈을 벌며 사는 삶은 누구나 할 수 있는 것 같지만, 사실은 모두가 해내는 일은 아니다. 아침 일찍 일어나는 것이 싫어 일을 구하지 않고, 사람들과의 감정 노동이 싫어 일을 그만두고, 어렵고 힘든 일이 싫어, 편한 일만 찾아내는 이들도 있다. 하지만 가족들을 위해서, 사랑하는 사람을 위해서, 나의 미래를 위해서 군소리하지 않고 매일 아침 집 밖을 나가는 사람은 칭찬할 만큼 훌륭한 삶을 살고 있는 것이다. 삶의 무게를 견디며 오늘도 조용히 제 자리를 지키는 당신이라면, 그 자체로 의미 있고 값지다. 그러니 다른 누구와 비교하지 말고, 지금의 나를 있는 그대로 인정해 주자. 당신은 이미 충분히 잘 살아가고 있으니 말이다.

**"사람이 살아갈 수 있는 곳이라면,
그 어디에서도 잘 살아갈 수 있다."**

Chapter. 03

모든 관계에는
적당한 거리가 필요하다

Marcus Aurelius

001

남의 일에
인생을 낭비하지 말라

　유독 남 사는 이야기에 관심이 많은 사람이 있다. 쟤는 어떻고, 애는 이렇다며 하루를 온통 남 얘기로 채운다. 그런데 이렇게 타인에게 관심 많은 사람은 이상하게도, 정작 본인의 이야기는 좀처럼 하지 않는다. 말하더라도 대부분은 자랑이나 과시로 가득한 이야기들이다. 실수나 실패, 부족함에 대해서는 입을 꼭 다문다. 이런 사람들은 왜 유독 남의 이야기에만 몰두할까? 그 사람의 심리를 들여다보면 두 가지를 엿볼 수 있다. 첫 번째는 비교를 통해 자신의 위치를 확인하려는 심리가 숨어 있다. 타인의 장단점을 보며 그들보다 나은 위치에 있다고 스스로 위안 삼는 것이다. 두 번째는 자기방어다. 약한 모습을 들키지 않기 위해 먼저 타인을 거들먹거리는 것이다. 보기에는 활발하고 아는 것도 많아 보일 수 있지만, 그런 사람일수록 사실은 속은 텅텅 빈 경우가 많다. 빈 수레가 요란하다는 속담처럼 남의 이야기를 많이 하는 사람은 늘 시끄럽고, 그들과 함께하고 나면 묘하게 기운이 빠진다. 듣는 것은 많지만, 정작 쓸모없는 말만 하기 때문이다. 마르쿠스 아우렐리우스는 그러한 사람들에게 이렇게 경고한다. "인류 공통의 이익에 관한 것이 아니라면 쓸데없이 남의 일에 참견해 인생을 낭비하지 말라." 남의 삶을 궁금해하다 보면 결국 가장 소홀해지는 것은 나의 삶이다. 내가 더 신경 쓰고 생각해야 할 것들은 어느새 뒷전으로 밀려나게 되고 점점 빈 수레가 되는 것이다. 시간은 누구에게나 공평하다. 누군가는 그 시간을 자기 계발에 신경 써서 조금이라도 자신을 더 성장시키는 삶을 살고, 누군가는 남 얘기만 하며 변화 없는 삶에 머문다. 특히, 지금처럼 타인의 일상과 생각이 실시간으로 공유되는 인터넷 시대에는 더 그렇다. 생각보다 사람들은 타인의 일에 많은 시간과 감정을 소비한다. 연예인의 사생활에 지나치게 감정이입을 하거나, 누군가가 SNS에 올려놓은 헛소리에 화를 내며 반응한다. 혹은 남의 삶을 흉보거나 부족한 부분을 보며 자기 위안을 삼기도 한다. 그렇다고 남에게 관심을 갖는 것이 나쁜 것은 아니다. 사람을 유의 깊게 볼 줄 안다는 뜻이니까 말이다. 그래서 생각해 봐야 할 건, 모든 일에 끼어들지 않아도 되고, 모든 관계를 잘 유지하지 않아도 된다는 것을 기억하는 것이다. 사람은 필요할 때 말하고, 불필요할 때는 침묵하고, 누군가를 지나치게 궁금해하지 않는 사람이 오래도록 자기 삶과 인간관계를 잘 지켜나간다. 인간관계에서 무관심이 지혜일 때가 있고, 거리 두는 것이 배려일 때도 있는 법이다. 너무 다 알려 할 필요는 없다는 것이다. 마르쿠스 아우렐리우스는 "다른 사람이 무엇을 말하고, 무엇을 하며, 무엇을 생각하는지에 신경 쓰지 마라. 오직 당신 자신이 무엇을 하느냐에 집중하라"고 말했다. 우리가 살면서 가장 많이 신경 써야 할 것은 남의 삶이 아니라 내 삶이다. 오늘 내가 무엇을 생각하고, 어떤 삶을 살며, 어떤 태도를 지키며 살아가는지가 더 중요하다. 나 하나 제대로 가꾸지 못하면서 남을 판단하고 재단하는 일은 어리석은 일이다. 인생은 너무나도 짧다. 지루하게 10대를 보내면 20대가 되어 있고, 20대를 취직하기 위해 열심히 살면 30대가 되어 있으며, 결혼을 한다면 어느새 아이를 낳고 50대가 되어 있다. 그제서는 나의 삶을 즐기려 해도, 몸이 아프고 힘이 부족해서 온전히 즐기지를 못한다. 이렇게 나의 삶을 즐기기에도 충분히 바쁜 시간이다. 그러니, 남의 일보다 내 마음 돌보기에 더 많은 시간을 쏟아보자. 타인과의 거리를 잘 조율하고, 자기 삶에 몰입할 줄 아는 사람이 결국 더 깊이 있는 관계를 만들고 자신의 목표를 이룰 수 있다. 그러니 이제는 남의 일과 인생을 신경 쓰기 전에, 자신의 인생을 먼저 바라보길 바란다.

"다른 사람이 무엇을 말하고, 무엇을 하며,
무엇을 생각하는지에 신경 쓰지 마라.
오직 당신 자신이 무엇을 하느냐에 집중하라."

가까운 사람일수록
예의가 필요하다

 사람들은 대체로 낯선 사람에게 더 친절하다. 그 이유는 거리를 두는 사이엔 긴장감이 있고, 그 긴장 안에는 최소한의 예의가 들어 있기 때문이다. 반면, 가까운 사람에겐 점점 말이 거칠어지고, 행동이 무뎌지고, 배려가 줄어든다. 익숙함이 만든 느슨함이다. 우리는 이 느슨함을 조심해야 한다. 종종 '가족이니까' '친하니까'라는 말로 무례함을 넘어가려 한다. 그러나 가까운 사람일수록 오히려 우리는 가장 많은 상처를 준다. 그렇기 때문에 더 섬세하고 조심스러워야 한다. 생각해 보자. 살면서 내가 가장 많이 화를 내고, 아픔을 안겨준 사람이 누구인지 말이다. 분명, 가족이나 가장 가까운 지인일 것이다. 정작 살면서 다시 한번 만날지도 모르는 사람에게는 지극히 사소한 일도 진심을 다해 사과하면서도, 가까운 사람에겐 '밥 먹었어?'라는 말로 쉽게 넘기려고 한다. 예의가 없는 가까운 관계는 언제 무너질지 모르는 젠가와 같다. 무심코 던진 말이나, 괜한 화풀이 같은 무례함은 상대방이 용서했다고 없어지는 게 아니라, 빼서 다시 그 위에 올려두는 것과 같다. 겉으로는 보기에는 함께 쌓아 올린 견고한 관계 같지만, 빼냈던 그곳은 다시 채워지지 않은 채, 앞으로 바뀔 거라는 '희망'과 다시는 안 그럴 거라는 '이해심'이 그 위에 올라간 것이다. 그렇게 반복적으로 상처를 입고 용서를 거듭 쌓다 보면, 나중에는 결국 툭하고 작은 건드림에도 흔들리고 무너지게 되는 것이다. 친했던 사람이 갑자기 화를 내고, 나를 멀리한다면 그때는 깊이 생각해 봐야 한다. 그러한 행동은 '갑자기'가 아니라, 이전부터 관계를 망치는 행동이나 말이 있었을 것이다. 예의는 낯선 사람에게만 필요한 게 아니다. 오히려 나를 아끼고 사랑해 준 사람에게 먼저 지켜야 할 태도다. 쿨병에 걸린 사람들은 예의를 격식이라고 말하지만, 예의는 격식이 아니라 존중을 표현하는 방식이다. 마르쿠스 아우렐리우스는 "너는 지금, 이 순간 네가 무슨 일을 하고 있는지를 늘 자각하라. 가족이든 친구든, 그들과의 관계에서도 마찬가지다."라고 말했다. 무의식적으로 내뱉는 말, 습관처럼 하는 행동 속에 진심이 담겨야 한다는 뜻이다. 사람은 누구나 실수할 수 있지만, 반복되는 실수는 고의일 뿐이다. 말의 무게를 느끼고, 내가 하는 말과 행동이 상대에게 어떤 영향을 미칠지 생각하는 태도를 가져야 한다. 그것이 성숙한 관계를 만드는 첫 번째 단계이다. 물론 가까운 사람에게 편하게 대하고 싶은 건 당연하다. 하지만 그 편함이 무례함으로 변하지 않도록 조심해야 한다는 것이다. 앞으로 조금이라도 나를 아껴주고 사랑해 주는 사람에게 후회하는 말과 행동을 하지 않기 위해서는, 상대방이 나를 배려해 주고 있다는 것을 기억하고 더욱 예의를 차려보길 바란다. 예의란 별거 없다. 고마운 일에 고맙다고 말하고, 미안한 일에는 미안하다고 말하는 것. 그리고 잘못한 일에는 핑계를 대지 않고, 약속을 잘 지키는 것이다. 이 사소한 것들만 잘 지켜도 무너지지 않는 젠가를 쌓아 올릴 수 있다.

"너는 지금, 이 순간
네가 무슨 일을 하고 있는지를 늘 자각하라.
가족이든 친구든, 그들과의 관계에서도 마찬가지다."

003

무례한 사람에게는
단호하게 대해라

 나는 인생에서 가장 난감할 때가 언제냐고 묻는다면 무례한 사람을 만날 때라고 대답한다. 화를 내면 같은 사람이 될 거 같고, 가만히 있으면 나만 바보가 되는 거 같기 때문이다. 하지만 무례함을 묵인하는 것은 결코 배려가 아니다. 무례는 반복될수록 더욱 뻔뻔해지고, 상대는 내가 불쾌하다는 사실조차 인식하지 못한다. 오히려 말을 하지 않을 수록 나만 스트레스받고, 나만 감정 소모하게 된다. 우리는 여태껏 착한 사람이 되려고 너무 자주 참아왔다. 상대가 불편한 말을 해도 웃어넘기고, 선을 넘는 행동을 해도 '그냥 그러려니' 하고 무시했다. 그 결과 그들은 날마다 더 무례해지고, 선한 사람보다 그렇지 않은 사람들이 살기 편해진 세상이 되었다. 이제는 그들에게 휘둘리지 않기 위해서는 우리도 무례함에 단호하게 대응해 줘야 한다. 단호히 반응하는 것은 나를 존중하는 마음에서 비롯된 행동이지, 공격적이고 차가운 태도가 아니다. 차가움은 상대를 밀어내지만 단호함은 너와 나 사이에 경계가 있음을 알려주는 행동이다. 즉, '너와 싸우고 싶어'가 아니라, '나를 더 이상 상처받게 두고 싶지 않아'라는 뜻이다. 아우렐리우스는 무례한 사람들에게 이런 사람이 되라고 말한다. "파도가 끊임없이 부딪혀도 끄떡없는 바위 절벽처럼 되어라. 바위는 흔들리지 않고 그 주변의 소란스러운 물결은 가라앉게 될 것이다." 그렇기에 우리가 취해야 할 행동은 절벽처럼 침착하고 분명하게 반응하는 것이다. 굳이 화를 내지 않아도 되고 내 감정을 돌려 말할 필요도 없다. 굳건하게 상대에게 나의 경계가 어디까지인지 분명하게 알려주면 된다. 그럼 그사람은 당신에게 함부로 대하지 못할 것이다. 나를 함부로 대하는 사람에게까지 친절을 유지하는 것은 결코 미덕이 아니다. 친절은 선택이고, 존중은 상호적이다. 괜히 말했다가 관계가 어긋날까 봐 말을 삼킬 필요는 없다. 누군가의 무례함이 나를 상처 주도록 허용하는 것이 오히려 관계를 더 어긋나게 만들기 때문이다. 그래서 상처를 주는 말에는 침묵보다 명확한 표현이 필요하다. 대부분의 무례한 말과 행동을 하는 사람은 자신의 불편함만 꺼내놓는다. 하지만 그건 아우렐리우스의 말처럼 그 사람의 문제이지, 나의 문제가 아니다. 내가 생각해야 할 건, 나의 행복과 감정을 중요시 여기는 것이다. 나의 침묵이 누군가에게는 허락처럼 여겨지지 않도록 하길 바란다. 온화하면서도 단호한 태도가 결국 나를 지켜 줄 것이다. 만약 그렇게 알려줬음에도 당신에게 무례한 행동을 하는 사람이 있다면 그건 당신이 어찌할 수 없는 영역이다. 무엇이 잘못된 건지는 알려줄 수는 있어도 타인의 마음마저 내가 바꿀 수 없다. 그 사람이 당신을 싫어한다면 당신이 아무리 좋은 행동을 한다고 해도 가식이라고 생각할 것이며, 그 사람이 당신을 믿고 있다면 당신이 아무리 이상한 짓을 해도 그 행동에 이유가 있을 것이라고 생각할 것이다. 그때는 무시하고 나의 인생을 열심히 살아가면 된다. 마르쿠스 아우렐리우스는 "모든 것은 자연의 질서에 따라 이루어진다. 우리는 그 질서 속에서 자신의 역할을 다해야 한다."라고 말했다. 이처럼 억울함과 오해 속에서도 내가 할 수 있는 것들을 해내면 된다. 별은 언제나 그 자리에서 오래도록 빛을 비춘다. 혹여 먹구름이 많은 날도 그 자리에서 밝게 빛나고 있다. 그저 먹구름에 가려져 보이지 않는 것일 뿐이다. 날이 개고 먹구름이 걷히면 그 별빛은 반드시 누군가에게 닿게 되어 있다. 우리도 마찬가지다. 타인의 무례함에도 자신의 역할을 잘 해내면 된다. 먹구름이 별에게 "왜 달처럼 빛나지 못하냐" "잘 좀 빛내라" 뭐라고 한들, 별은 별이다. 잠깐 지나가는 먹구름에 "내가 있을 곳이 아닌가?", "내가 못 나서 그런가" 이런 생각에 자신을 의심하지 말자. 그냥 그 자리에서 꾸준히 빛을 내고 있으면 된다. 언제든 나를 가릴 수 있는 먹구름 때문에 스스로가 밝게 빛나고 있는 별임을 잊지 말자.

**"파도가 끊임없이 부딪혀도
끄떡없는 바위 절벽처럼 되어라.
바위는 흔들리지 않고
그 주변의 소란스러운 물결은 가라앉게 될 것이다."**

004

타인의 감정까지
책임지려 하지 말 것

　타인의 감정까지 책임지려 하지 말자. 누군가가 화를 내고, 실망하고, 오해할 때, 우리는 종종 그것이 전적으로 내 탓이라 여기며 스스로를 괴롭힌다. 상대방의 표정이 어두우면 '내가 뭘 잘못했나' 생각하는 게 아니라 무슨 일이 있냐고 물어봐야 하고, 상대방이 화가 나 있으면 '나 때문에 그런가?' 생각하는 게 아니라, 무엇 때문에 화가 났는지 물어봐야 한다. 아무리 친한 사이라도 경계와 기준 없이 타인의 감정을 자신 때문이라고 생각하면 남의 감정에 맞춰사는 삶을 살게 된다. 정이 많고 자신을 탓하는 사람들이 대부분 이처럼 생각한다. 이들은 사람에 대한 책임감이 강하고, 관계를 소중히 여기기 때문에 상대방의 사소한 감정도 빠르게 알아차리고, 그것을 같이 고민하며 해결해 주고 싶어 하는 사람들이다. 하지만 이러한 착함이 오히려 자신을 더욱 을의 관계로 만들어 버린다. 이들이 기억해야 할 건 내가 항상 기분이 좋을 수 없듯, 모두를 기분 좋게 만들 수는 없다는 것이다. 마르쿠스 아우렐리우스는 "누군가가 나를 경멸한다면, 그것은 그들의 문제다. 나의 유일한 관심사는 경멸받을 만한 말이나 행동을 하지 않는 것이다."라고 말했다. 경멸받을 만한 말이나 행동을 하지 않는 것. 그것이 우리의 몫이다. 누가 나를 좋아하든 싫어하든, 어떤 반응을 하든, 그건 그 사람의 감정일 뿐이다. 상대방의 불편한 감정을 느끼고, 내가 뭘 잘못했는지 생각하기보다, 무엇 때문에 화가 났는지, 왜 기분이 안 좋은지 궁금해하고 물어보는 것이 올바른 자세다. 확실하지 않은 것에 자신을 작게 만들지 말아야 한다. 또한 우리가 책임져야 할 건, 그 사람의 감정이 아니라, 상대방에게 내가 어떻게 말하고 행동했는지에 대한 책임이다. 내가 아무리 상대방의 비위를 맞추고 잘해줘도 때로는 침묵 때문에, 때로는 지나친 솔직함 때문에 오해가 생기고 관계가 멀어진다. 아우렐리우스의 말처럼 내 진심을 다해 정중하게 대했다면, 그 이후의 감정은 상대의 몫이라 생각하면 된다. 괜히 착한 마음에 스스로를 흔들지 말자. 누군가에게 상처 주지 않기 위해 신중한 태도를 가지는 것과, 그 사람의 감정을 대신 짊어지는 건 전혀 다른 이야기다. 선을 잘 지키고 정중하게 대했다면, 그다음은 상대가 스스로 풀어야 할 감정이라는 점을 명심하고, 남의 감정까지 책임지려는 무거운 마음을 내려놓자. 그 무게를 덜어낼 때, 비로소 내 삶의 무게 또한 가벼워질 것이다.

> **"나의 유일한 관심사는 경멸받을 만한
> 말이나 행동을 하지 않는 것이다."**

005

네가 바꿀 수 없는 일이라면,
너의 태도를 바꿔라

누구나 살다 보면 관계로 인한 불편함을 겪게 된다. 누군가의 태도나 말투가 마음에 들지 않거나, 뜻대로 흘러가지 않는 상황을 마주할 때 우리는 답답함과 분노를 느낀다. 특히 가까운 사람일수록 감정 소모는 더 커진다. 실망과 불편함 속에서도 참아내는 것이 배려이고 성숙한 태도라고 생각하며, 이해되지 않아도 억지로 받아들이려 애쓰기 때문이다. 하지만 마르쿠스 아우렐리우스는 이런 불편함을 무조건 참으라고 말하지 않았다. 그는 오히려 분명하게 상황을 구분하라고 했다. 지금, 이 상황이 바꿀 수 있는 일인지, 아무리 노력해도 바꿀 수 없는 일인지 말이다. 그리고 이렇게 말했다. "네게 일어난 일을 바꾸는 것이 네 힘으로 불가능하다면, 네가 바꿀 수 있는 것은 오직 그것에 대한 너의 태도뿐이다." 즉, 우리가 할 수 있는 최선은 억지로 바꾸려 애쓰기보다, 우리의 태도를 바꾸는 것이다. 이는 인간관계에서 매우 중요한 마음가짐이다. 맞지 않는 상대방을 만났을 때 그 사람을 바꾸려고 하기보다, 그에 대한 내 반응과 태도를 돌아보는 일이 훨씬 중요하다. 사람은 쉽게 통제할 수 없는 존재다. 그런데도 상대방을 바꾸려 한다면 그 관계는 갈등이 깊어지고, 실망만 쌓이게 된다. 그러다 보면 결국 이별을 하고, 관계가 끊어지게 되는 것이다. 이러한 일을 겪지 않기 위해서는, 관계에서 오는 불편함을 무작정 참기보다는, 바꿀 수 없는 것을 인정하고, 바꿀 수 있는 내 안의 태도를 바꿔야 한다. 사랑도 이와 같다. 사랑은 '이해'다. "네가 좋다."는 욕망이지, 사랑이 아니다. 그 사람이 어떤 행동을 하고, 어떤 것을 하든 "그럴 수도 있겠구나."라고 이해하는 것이 사랑이다. 예뻐 보이고, 매력적으로 보이고, 예의가 바르면 누구나 다 좋아한다. 하지만 나와 조금은 다르더라도, 젓가락질을 잘 못하더라도, 가끔은 정말 바보 같아 보이더라도, 그럼에도 좋아해 주고, 이뻐해 주는 것이 사랑이다. 이처럼 내가 정말 아끼고 오래 볼 사이라면, 다르다고 그 사람을 바꾸려 하지 말고, 그럼에도 다르다는 것을 인정하고 나의 태도를 바꿔 이해해보려 해보자. 그렇다면 더욱 행복한 관계를 맺을 수 있을 것이다.

**"네게 일어난 일을 바꾸는 것이
네 힘으로 불가능하다면,
네가 바꿀 수 있는 것은 오직 그것에 대한
너의 태도뿐이다."**

화를 내기 전에
생각해야 할 것들

우리는 이상한 말을 하거나, 이해할 수 없는 행동을 하는 사람을 보면 쉽게 그를 무시하곤 한다. 무엇이 잘못됐는지, 왜 그런 행동을 했는지 들어보기도 전에 먼저 판단하고 마음속으로 선을 그어버리는 것이다. 하지만 누군가를 그렇게 단정 짓기 전에 먼저 생각해 봐야 할 것이 있다. 바로, 우리가 어떻게 그런 행동이 잘못된 것임을 알게 되었는지 말이다. 생각해 보면, 나 역시 실수를 했을 때 화를 내고 욕을 퍼붓던 사람들 덕분에 바뀐 것이 아니다. 오히려 다정하게, 인내심을 갖고, 무엇이 잘못되었는지를 반복해서 알려주던 사람들 덕분에 바뀌었다. 마르쿠스 아우렐리우스는 이렇게 말했다. "누군가가 잘못된 행동을 했을 때, 그를 탓하기 전에 생각하라. 사람은 실수를 하지 않고 살아갈 수 있는 존재인가? 만약 그게 불가능하다면 화를 낼 이유는 없다. 겨드랑이에서 냄새가 나는 사람에게 화를 내는가? 그건 그 사람의 체질일 뿐이다. 만약 그가 이성적인 존재라면, 이성적으로 충고하고 깨우쳐라. 듣는다면 바르게 될 것이고, 듣지 않더라도 너는 이성적으로 행동한 것이다." 이처럼 우리는 바로 판단하기보다는, 이성적인 존재인 만큼 무엇이 잘못되었고, 왜 그래야 하는지를 설명할 책임이 있다. 누군가의 잘못에 화를 내는 것은 순간적인 감정의 해소일 뿐, 진정한 변화를 이끌어내는 방법은 아니다. 변화는 언제나 이해에서 시작된다. 물론 이해하려는 태도는 많은 인내와 노력을 필요로 한다. 그 사람이 왜 그런 선택을 했는지, 왜 그렇게밖에 할 수 없었는지를 들여다보려면 마음의 여유와

믿음이 필요하다. 번거로울 수 있지만, 그것이 바로 우리가 사람으로서 할 수 있는 일이다. 아우렐리우스는 인간이 이성적인 존재라면, 그 이성을 타인과 나눌 줄도 알아야 한다고 말한다. 누군가의 실수를 조롱하거나 처벌하기보다, 차분히 설명하고 기다려줄 수 있는 사람이 되어야 한다. 그렇게 우리는 조금씩 더 나은 인간으로 성장해 가는 것이다. 타인의 어리석음 앞에서 너무 쉽게 돌아서지 말자. 지금의 내가 누군가에게 길이 되어주듯, 언젠가 그 사람도 다른 누군가에게 다정한 이정표가 되어줄 수 있으니 말이다. 진짜 좋은 사람은 그저 친절한 사람이 아니다. 설명하고, 가르치고, 기다릴 줄 아는 사람이다. 그런 존재가 된다는 것은 결코 쉬운 일이 아니지만, 그만큼 의미 있는 일이다. 내가 받은 다정함을 또 다른 누군가에게 건넬 수 있다면, 우리는 이미 누군가의 삶에 작은 변화를 만들어낸 셈이다. 물론 때로는 내가 진심을 다해 충고하고 조언했음에도, 상대가 오히려 화를 내거나 나를 무시할 수도 있다. 그럴 땐 어쩔 수 없다. 그냥 놓아주자. 내가 할 일은 끝까지 나답게 반응하는 것이다. 아우렐리우스는 말한다. "누군가의 무지함이 나의 평온을 앗아가게 놔두지 말라." 내 마음을 지키는 일은 타인을 바꾸려는 시도보다 훨씬 현실적이고 가치 있는 선택이다. 그런 상황에서는 화를 내고 싸우기보다는 "그래, 네가 옳아."라고 말하며 조용히 넘기자. 무지에서 비롯된 무례함은 내가 아무리 말해도 절대 들으려 하지 않을 것이다. 괜히 애쓰지 말자. 누군가를 바꾸려다 나까지 상처받을 필요는 없다. 내가 해야 할 일은, 끝까지 이성적으로, 그리고 다정하게 반응하는 것이다. 설명했고, 기다렸으며, 내 방식대로 최선을 다했다면, 그 이후는 더 이상 나의 몫이 아니다. 모든 사람이 바뀌지 않더라도, 나는 나답게 행동했다는 사실 하나만으로도 충분하다.

**"사람은 실수를 하지 않고 살아갈 수 있는 존재인가?
만약 그게 불가능하다면 화를 낼 이유는 없다."**

007

고통을 굳이
키우지 말라

    가끔 보면 어떤 일이든 지나치게 심각하게 받아들이는 사람이 있다. 사소한 말 한마디에도 지레 겁을 먹고, 아직 일어나지 않은 일을 상상하며 하루 종일 걱정에 빠진다. 굳이 그러지 않아도 될 것으로 고통의 크기를 늘리는 사람들이다. 물론 생각이 많다는 건 결코 나쁜 일이 아니다. 그것은 자신을 지키기 위한 일종의 방어 본능이기도 하다. 하지만 문제는 그 생각이 꼬리를 물고 이어지며, 실제보다 훨씬 큰 두려움과 고통을 만들어낸다는 데 있다. 마르쿠스 아우렐리우스는 고통에 대해 이렇게 말했다. "고통은 네가 상상으로 키우지만 않는다면 견딜 수 없는 것이 아니며, 영원히 지속되지도 않는다. 졸림, 열, 식욕 부진 같은 것들도 사실 고통의 일종이다. 그러니 그런 일로 짜증 내거나 분노할 때 스스로에게 물어라. 나는 지금 고통에 지고 있는가?" 아우렐리우스의 말처럼, 실제로 우리를 괴롭히는 것은 고통 그 자체보다 그것을 받아들이는 '우리의 태도'다. 사소한 실수 하나에도 '혹시 나를 싫어하진 않을까', '이 일로 문제가 생기지 않을까' 하고 걱정하지만, 시간이 지나고 보면 별일이 아니었음을 깨닫게 된다. 또한 매운맛도 통증의 일종이지만, 어떤 사람은 고통스러워하고 어떤 사람은 그것을 즐긴다. 똑같은 감각도 그것을 어떻게 받아들이느냐에 따라 전혀 다른 결과를 만들어낸다. 결국 고통이 문제가 아니라, 그 고통을 바라보는 나의 문제다. 고통은 외적인 것에서 전달되는 것처럼 보이더라도, 그 크기를 결정하는 건 바로 나다. 내가 어떻게 반응하느냐에 따라 같은 일도 얼마든지 감내할 수 있는 일이 될 수 있다. 중요한 건 상황을 바꾸는 것이 아니라, 내 생각을 바꾸는 일이다. 생각이 많은 사람이라면 이 사실을 더욱 깊이 새겨보길 바란다. 고통을 키우는 상상이 아니라, 고통을 다스리는 태도를 택하는 것. 그것이야말로 자신을 더 단단하게 만들어 줄 것이다. 물론 생각을 바꾸는 일은 말처럼 쉽지 않다. 특히 감정이 격해져 있을 때, 이성적인 판단은 쉽게 흐려지고 마음은 사소한 말에도 쉽게 무너진다. 하지만 그렇기에 더더욱 '지금 이 생각이 나를 도와주는가, 아니면 해치고 있는가'를 자각하는 연습이 필요하다. 사람이 매사에 심각해지면 예민해지고 삶이 피곤해진다. 의식적으로라도 별일 아니라며 가볍게 생각하고 덤덤하게 넘길 줄 알아야 한다. 비록 인생은 불편함과 예기치 못한 사건의 연속이지만, 굳이 심각해할 것 없다. 나의 세상이 쪼그라들지 않도록 노력하면 한결 가벼운 인생을 살 수 있다.

"고통은 네가 상상으로 키우지만 않는다면
견딜 수 없는 것이 아니며,
영원히 지속되지도 않는다."

Chapter. 04

나를 지키는
현명한 태도에 관하여

Marcus Aurelius

불완전한 사람들을
대하는 자세

 살다 보면 자기 객관화가 되지 못한 사람들을 만나게 된다. 자기 객관화가 안 된 사람들의 공통적인 특징은 자기 말만 옳다고 믿고, 실수를 타인의 탓으로 돌리며, 듣고 싶은 소리만 들으려 한다. 또한 상대방을 깔보는 태도를 가졌으며, 무엇보다 말을 할 때 자기는 다 안다는 식으로 말한다. 아우렐리우스는 이런 사람들을 "주제 넘고, 배은망덕하며, 교만하고 시기심 많은 이들"이라 표현했다. 그러나 그는 곧 덧붙였다. "그들은 선과 악이 무엇인지 알지 못해서 그런 행동을 한다." 그는 그들을 비난하지 않았다. 오히려 그들도 나와 같은 본성을 지닌 존재, 즉 같은 인간이기 때문에 틀 안에서 함께 살아가는 존재이며, 그들의 무지함을 나에 대한 공격으로 받아들일 필요는 없다고 말했다. 사람은 성격, 배워온 지식, 살아온 환경, 생각까지 다 다르다. 그래서일까, 살다 보면 어떤 방식으로든 부딪히는 일이 생긴다. 출신이 다르다고, 밥 먹는 스타일이 다르다고 무수히 크고 사소한 것들로 부딪히고 싸운다. 그러나 마르쿠스 아우렐리우스는 "우리는 손과 발처럼, 눈꺼풀처럼, 위아래 치아처럼 협력을 위해 태어났다. 그러므로 서로를 거스르는 것은 자연에 어긋나는 일이다. 서로에게 화를 내거나 등을 돌리는 것 또한 서로를 거스르는 것이다." 라고 말했다. 세상이 팍팍할수록 우리도 이런 점을 명심해야 한다. 인간은 혼자서 살아갈 수 없다. 언제 어디서 만날지 모르는게 사람이고, 또 어떤 일을 겪게 될지 모르는 게 인생이다. 학창 시절 내가 괴롭혔던 사람이 미래에 내 회사의 대표가 될 수도 있고, 내가 죽을 위기에 처했을 때 나의 목숨을 살리는 의사가 되어 있을 수도 있다. 사람 일은 정말 어떻게 될지 모르는 것이다. 그렇기에 원래 다르다고 생각하며 부족한 부분은 감싸주고, 맞지 않는 부분은 맞춰가며 살아야 한다. 조금 다르다고 그 사람의 부족한 부분을 보고 흉을 보거나, 무시하면서 기분을 상하게 하는 일은 당연히 옳지 못하다. 올바른 관계를 맺고 살아가기 위해 무엇보다 중요한 건 타인의 부족함이 미움이 되어서는 안 된다는 것. 세상에 완벽한 사람은 없다는 것. 다름에도 맞춰가는 것이 세상의 이치라는 것이다. 생각해 보면 나 역시 누군가에게 답답하고 속 좁은 사람이었던 적이 있다. 그럼에도 나를 이해해 주고 다정하게 가르쳐준 사람들에 의해 나는 성장했다. 우리도 자기 객관화가 되지 못한 사람을 만나면 화를 내고, 무지하다며 욕하기보다 "자신보다 나은 사람을 못 만나봐서 배우지 못했구나"라고 생각하며. 무엇이 잘못되었는지 차근차근 알려주자. 그렇게 다정한 시선으로 바라본다면, 사람은 조금이라도 변하게 되어 있다. 당장은 아니더라도, 언젠가는 그

친절함을 기억하고 누군가에게 다시 전하게 된다. 그거면 충분하지 않을까. 우리는 서로를 조금씩 가르치고 배우며 살아가야 한다. 나에게 없는 것이 그에게 있을 수도 있고, 그에게 없는 게 나에게 있을 수도 있다. 그러니 함께 살아갈 수 있는 것이다. 그게 바로 인간이다.

**"그들은 선과 악이 무엇인지
알지 못해서 그런 행동을 한다."**

002

기분이 너의 주인이 되게
하지 말라

종종 자신의 마음대로 일이 잘 풀리지 않을 때, 그 감정이 태도가 되어 하루를 보내는 사람이 있다. 좋은 날임에도 얼굴을 찌푸리고 있고, 기분을 풀어주려 선뜻 다가온 친구에게 화를 내기도 한다. 이처럼 기분이 태도가 되었을 때 문제는 그 감정이 주변 사람에게도 상처로 번진다는 것이다. 그래서 만일 자신이 기분이 태도가 되는 사람이라면 조금은 그 감정에 대해 깊이 들여다볼 필요가 있다. 왜냐하면 그것이 현실의 고통이 아니라 '계속해서 그 일을 생각하는 나의 판단'이기 때문이다. 마르쿠스 아우렐리우스는 말한다. "오늘 그대가 겪는 고통은, 그것을 견딜 수 없다고 여기는 생각에서 비롯된다." 즉, 내가 힘들다고 생각하면 더 힘들어지고, 견딜 수 없다고 생각하면 정말 견딜 수 없는 일이 된다는 것이다. 생각은 실체가 없지만 나에게 가장 큰 영향력을 미친다. 우리 몸은 뇌가 지배한다. 한 심리학 교수가 강연에서 이런 말을 했다. "교통사고를 당해서 허리가 너무 아플 때, 진통제를 먹으면 약 효과는 뇌로 갑니다. 허리는 아픈 걸 모릅니다. 그런데 연구자들이 이별이나 갈등에서 사람 때문에 고통스러울 때는 뇌에서 어디서 그 반응을 처리하는지가 궁금해진 거예요. 그래서 연구를 했더니 교통사고 났을 때 고통을 느끼던 뇌의 지점이랑 같은 겁니다. 그러니까 우리 뇌는 교통사고 당해서 허리가 너무 아픈 것과, 이별이나 갈등에서 사람 때문에 고통스러운 걸 구분을 못 한다는 거죠." 이처럼 내 주위에 누군가가 사람 때문에 고통스러워하고 있다면 그 사람은 교통사고 당한 사람이라고 생각해 볼만하다. 그렇다면 우리도 사람 관계에서 상처를 입는 사람이라면 마음의 교통사고를 당한 사람으로 봐야 하지 않을까? 그러나 우리는 오히려 자신을 더 다그친다. "애초에 그런 사람을 만나지 말았어야지.", "그런 말은 하지 말았어야지."라며 스스로에게 좋지 못한 말을 한다. 하지만 내가 빨리 낫고 회복하려면 나를 아껴줘야 한다. 어쩌면 기분이 태도가 되는 사람은 나쁜 사람이 아니라, 스스로에게 따뜻한 위로의 말을 하지 못하는 사람일지도 모른다. "고생했어", "잘했어"라고 스스로에게 못하고 늘 자신을 다그치니 그게 표정으로 나오고 태도로 나오는 것이다. 만약 자신이 기분이 태도가 되는 사람이라면 이제는 내가 나의 보호자가 되어 "내가 정말 힘들구나, 내가 아프구나." 하면서 맛있는 것도 먹이고, 잠도 잘 재우고, 옷도 잘 입히면서 자신을 정말 따뜻하게 대해보길 바란다. 당신은 그 무엇보다 소중하니 말이다.

"이런 일이 내게 일어난 것은
불운이다라고 말하지 말고,
도리어 아무런 해악도 입지 않고 멀쩡한 것이
행운이다라고 말하라."

인생에서
가장 쓸데 없는 생각

　인생에서 가장 쓸데없는 생각은 지나간 일을 비디오 돌려보듯 생각하며 후회하는 것과, 아직 오지 않은 미래를 걱정하며 불안해하는 것이다. 그럼에도 우리는 매번 많은 후회와 고민을 거듭하며 살아간다. 이에 마르쿠스 아우렐리우스는 말한다. "과거는 더 이상 그대의 것이 아니며, 미래는 아직 그대의 통제 아래 있지 않다. 무한한 과거와 무한한 미래 사이에서 네가 가진 시간은 지금 이 순간뿐이다." 우리가 온전히 다룰 수 있는 시간은 오직 '지금'뿐이다. 과거를 되돌릴 수는 없다. 우리가 아무리 그때로 돌아가고 싶어도, 이미 지나간 장면은 바뀌지 않는다. 그저 기억 속에서 '만약에'라는 가정과 '그랬더라면'이라는 후회를 되뇌일 뿐이다. 하지만 그 기억들은 대체로 왜곡되고, 감정에 따라 또 달라지게 된다. 미래도 마찬가지다. 불안은 대부분 아직 일어나지 않은 일을 상상할 때 자라난다. 계획이 필요하다는 이유로 우리는 끝없이 예측하고 대비하지만, 그중 실제로 일어나는 일은 몇 되지 않는다. 더구나 우리가 늘 '만약'이라는 말로 생각하는 시나리오는 대개 최악의 가능성을 중심으로 짜인다. 그래서 나를 위한 대비가 오늘의 편안함을 앗아간다면, 그것은 미래에 대한 준비가 아니라, 현재의 고통을 만드는 자해 행위일 뿐이다. 아우렐리우스는 "삶은 짧고, 지금 이 순간을 살아야 한다. 네 삶이 줄어들고 있다는 사실만이 아니라, 이성적 판단 능력도 먼저 사라질 수 있음을 기억하라."며 지금 이 순간을 이성적으로 살아내야 한다는 것을 강조했다. 또한 "그동안 신들이 내게 무수히 많은 기회를 주었는데도 나는 그 기회를 단 한 번도 받아들이지 않고 얼마나 오랫동안 이런 일들을 미루어 왔었는지를 기억해 보라. 하지만 이제는 내가 속해 있는 우주가 어떤 것이고, 그 우주의 어떤 지배자가 나를 이 땅에 보내어 태어나게 하고 살아가게 하고 있는지를 알아야 한다. 이 땅에서 내게 주어진 시간은 엄격하게 한정되어 있다. 내가 그 시간을 활용해서 내 정신을 뒤덮고 있는 안개를 걷어내어 청명하게 하지 않는다면, 기회는 지나가 버리고 내 자신도 죽어 없어져서 다시는 그런 기회가 내게 오지 않을 것이라는 사실도 알아야 한다."고 말했다. 아우렐리우스뿐만 아니라 많은 철학자와 유명인들은 현재의 중요성을 강조한다. 그들이 하나같이 현재를 강조하는 이유는, 내가 어떻게 할 수 있는 것은 지금뿐이기 때문이다. 내가 지금부터 매일 운동을 하면 더 건강하게 살 수 있을 것이고, 내가 지금 따뜻한 미소와 다정한 말로 사람을 대하면 나의 평판이 달라질 것이며, 내가 당당한 태도를 취하면 사람들이 나를 대하는 태도 또한 달라질 것이다. 그러니 오늘이라는 이 하루를 신이 유일하게 당신에게 허락한 선택권이라고 생각하며, 매 순간을 값지게 살아가려 노력하자. 또한 나에게 주어진 선택권을 타인의 눈치를 보는 것이 아닌, 있는 그대로 살아가는 연습을 하자. 결국 그것이 더 나은 과거를 만들고, 덜 불안한 미래로 이끌어줄 것이다.

**"과거는 더 이상 그대의 것이 아니며,
미래는 아직 그대의 통제 아래 있지 않다."**

악에 의해
더러워지지 마라

　요즘 세상이 너무나도 팍팍하다. 누군가는 부당한 일로 사람들에게 상처를 주고, 누군가는 타인을 이용하고도 부끄러움을 모른다. 이러한 일들을 우리는 너무 쉽고 빠르게 매일, 매주 듣고 보게 된다. 그러다 보면 우리는 그런 사람들을 마주하고 소식을 접할 때마다 분노와 실망을 느끼며, 그들을 미워하고 증오하게 된다. 그러나, 마르쿠스 아우렐리우스는 미움과 분노에 대해 이렇게 말한다. "악한 사람을 미워함으로써, 너 자신이 악에 물들어서는 안 된다. 무분별한 감정은 자신의 본성을 거스르는 일이다." 우리는 이런 말을 들으면 "그 사람이 먼저 잘못했는데 왜 내가 미워하면 안 되지?"라고 생각할 수도 있다. 하지만 여기서 아우렐리우스가 강조하는 것은 '응답의 방식'이다. 우리는 타인이 저지르는 악에 대해 선택할 수 없지만, 그 악에 어떻게 반응할지는 선택할 수 있기 때문이다. 내가 상대를 미워하는 마음이 커져서 그 미움이 나를 물들여 나 또한 냉소적이거나 무례해진다면, 나는 결국 그 사람의 방식에 물든 셈이 된다. 미움은 생각보다 강한 감정이다. 그것이 오래 머무르면 내 말투와 표정, 삶의 태도까지 스며든다. 그렇게 되면 말은 차가워지고, 표정은 날카로워지게 된다. 그러다 보면 나를 가까이 대했던 사람들은 조용히 내 곁을 떠나게 되어 있다. 나이가 들어 사람들이 미소를 보이고 친절하게 대하는 것은, 어른이 되어 돈이 많아져서 여유가 생기고, 행복해졌기 때문이 아니다. 그런 사소한 표현, 표정, 말투들이 타인을 위한 배려라는 것을 알기 때문이다. 세상에 안 힘든 사람 없고,

세상에 부족함 없는 사람 없다. 그래서 나의 어려움과 나의 힘듦이 타인에게 전달돼 더 힘들게 하지 않을까 배려하는 것이다. 그럼에도 자신이 그런 미움에 사로잡혀 사람을 대하면 결국 나는 내가 욕하고 싫어하는 사람들처럼 똑같이 변하게 되는 것이다. 그렇기에 부정적인 감정을 계속 마음에 품고 있는 것보다 내가 더 나은 삶을 사는 것이 훨씬 낫다. 그렇다고 모든 걸 용서하라는 뜻은 아니다. 나 자신이 그 미움에 먹히지 않도록 지키라는 것이다. 우리는 미워하는 대신, 그것들을 이성적으로 분별하면 된다. 불쾌한 행동을 기억하되, 그것이 나의 본성과 태도를 망가뜨리지 않게 하고, 거리를 두되 독기를 품지 않으면 된다. 사람의 진정한 품위는, 품위 없는 사람을 마주했을 때 알게 된다. 굳이 모난 사람에 의해 나의 품위를 떨어뜨릴 필요는 없다. 타인의 잘못된 행동을 보며 가져야 할 마음은 미움이 아니라, 나는 그처럼 되지 않겠다는 다짐이다. 인과응보, 사필귀정이라는 말이 있다. 쉽게 말해, 인과응보는 지은 죄가 있으면 반드시 벌을 받고 착한 일을 하면 좋은 보답을 받게 된다는 뜻이고, 사필귀정은 모든 일은 반드시 바른길로 돌아가게 되어 있다는 것이다. 아우렐리우스도 이런 말을 했다. "그가 악하게 행동하더라도, 그것은 그 자신에게 해가 될 뿐이다. 또한 그대가 내면에서 정직하고 올곧다면, 외부로부터의 모든 일은 너를 해칠 수 없다." 이처럼 사람은 다, 자신의 행동에 대한 대가를 받게 되어있다. 내가 신경 써야 하는 건 그들의 악이 나에게 물들지 않도록 나를 지키는 일이다. 그러니, 복수를 다짐하고 미워하며 자신의 소중한 시간을 낭비하지 말고, 그들보다 더 나은 내가 되기 위해 노력하자.

"그 상대가 어떻게 나오든,
너는 너답게 행동할 수 있다.
그것이 품위 있는 사람의 자세다.
상황이 아니라 품위로 반응하라."

005

지금 이 순간 죽는다면
후회할 일이 있는가

 만약 "지금, 이 순간 죽는다면 후회할 일이 있는가?"라는 질문에 당신은 무엇이라고 답할 것인가? 마르쿠스 아우렐리우스는 죽음이 언제 찾아오든 후회 없는 삶을 살아야 한다고 여러 번 강조했다. 그는 앞서 말한 질문을 스스로에게 종종 묻곤 했다. 그 이유는 죽음에 대한 공포를 심기 위해서가 아니라, 오히려 삶을 바로 보게 하기 위해서였다. 그는 로마의 황제였지만, 늘 죽음을 의식했고, 그 죽음 앞에서 오늘 하루를 어떻게 살아야 하는지를 스스로 묻곤 했다. 우리도 죽음에 대해 생각해 볼 필요가 있다. 언젠가 죽는다는 사실을 알지만, 그것을 실감하며 살지는 않는다. 마치 시간이 무한한 것처럼 오늘 해야 할 일을 내일로 미루고, 마음을 전할 기회를 그냥 흘려보낸다. 하지만 영원할 것 같았던 우리의 인생에 이별과 후회는 분명 찾아오게 되어있다. 그럴 때면 우리는 "그때 왜 그렇게 말했을까." "좀 더 따뜻하게 대해줄 걸." "미뤄놓지 말 걸." 같은 참 많은 후회가 스쳐 지나갈 것이다. 죽음을 매일 생각하라는 말은 지나친 철학처럼 들릴 수 있다. 하지만 아우렐리우스는 지금, 이 순간을 마지막처럼 살라는 말은 오히려 삶을 더 선명하게 살게 해준다고 말한다. 어쩌면 '죽음'은 '지금'의 가치를 깨닫게 하는 가장 날카로운 거울일지도 모른다. 우리가 정말로 중요하다고 믿는 것은 무엇인지, 어떤 관계에 진심을 담고 싶은지를 역설적으로 죽음이 알려주기 때문이다. 생각해 보자. 만약 오늘이 마지막이라면, 우리는 지금 하고 있는 일에 더 목숨을 걸 수 있고, 사랑하는 사람에게 더 솔직해질 수 있으며, 사소한 오해는 그냥 흘려보낼 수 있을 것이다. 죽음을 생각하는 순간 여유보다는 촉박함이 보이고, 그 촉박함은 상관없는 것들은 흘려버리고, 가장 중요한 것들만 남길 것이기 때문이다. 이처럼 삶에 의미가 없고 무엇을 분명히 해야 할지 모르겠다면 죽음을 가정해 보면 매우 큰 도움이 될 것이다. 아우렐리우스는 "내게는 내가 적어놓은 비망록 수첩이나, 고대 로마인들과 그리스인들의 행적이나, 나이 들어서 다시 읽어보겠다고 생각해서 쌓아둔 발초본들을 읽을 시간도 아마 주어지지 않을 것이다. 그러므로 내 자신에게 어떤 염려되는 것이 있다면 아직 시간이 허락되는 동안에는 다른 모든 헛된 희망들을 다 내던져버리고서 오직 그 목표를 완성하는 데 온 힘을 다 쏟아내라."고 말했다. 죽음은 언젠가 올 미래가 아니라, 지금, 이 순간을 비추는 거울이다. 그래서 오늘이 마지막이라면 무엇을 할 것인지, 누구를 떠올릴 것인지가 곧 내가 진짜로 소중히 여기고 해보고 싶었던 것들일 것이다. 그것들을 놓쳐 후회하기 전에 우리는 용기를 내야 한다. 미뤄뒀던 고백, 참았던 다정함, 망설였던 일들을 해 내보자. 아우렐리우스가 말한 것처럼, 지금, 이 순간을 다해 살아내는 것. 그것이 진짜 삶이다.

**"지금 이 순간, 네가 하는 일이
바로 너의 마지막 행위라고 생각하라."**

006

사람이 가장
주눅 드는 순간

　사람이 가장 주눅이 드는 순간은 노력으로 재능을 따라잡을 수 없다는 것을 느낄 때라고 한다. 어떤 사람은 일주일 동안 노력해서 겨우 해낸 걸 하루 만에 해내고, 어떤 사람은 백번 천번 해도 안 되는 걸 금방 해낸다, 그런 재능을 가진 사람들을 보면 사람들은 쉽게 주눅이 들고 회의를 느끼게 된다. 이럴 때면 우울한 마음으로 "나는 왜 잘하는 게 없지?", "왜 이렇게 평범하지?"라고 생각하며 하루를 낙담하며 보내게 될 것이다. 하지만 마르쿠스 아우렐리우스도 자신보다 잘난 이들을 마주할 때면 주눅이 들었고, 그럴 때 그는 이렇게 자신을 다독였다고 한다. "너는 모든 일에서 깊이 사유하고 이성적으로 행동하는 삶을 살 수 없을지도 모른다. 그렇다고 해서 너에게 아무 자질도 없는 것은 아니다. 너에게는 자신의 처지를 받아들이는 마음, 일어나는 일을 견디는 힘, 겸손함, 부지런함, 자유로운 정신이 있지 않은가? 자연이 준 수많은 선물을 이미 갖고 있으면서도, 스스로 아무런 선함도 가지지 못했다고 불평하지 말라. 그러니 이제 네가 지금 당장 보여줄 수 있는 자질들을 세상에 드러내라. 성실함, 진지함, 노동을 견디는 인내, 쾌락을 멀리하는 절제, 주어진 몫에 만족하는 마음과 소박한 삶, 자비로움, 솔직함, 사치에 대한 무관심, 경박하지 않음, 고결함. 이런 덕목들은 태어날 때부터 주어진 재능이 아니라 네 스스로가 통제할 수 있는 것들이며, 너는 지금 당장이라도 그것들을 실천할 수 있다. 그런데도 왜 스스로 기준 이하에 머물기를 자청하는가? 설마 네가 능력이 부족하다는 핑계로 불평하고,

인색하게 굴며, 아첨하고, 너의 육체를 탓하고, 남의 인정을 구걸하고, 과장된 태도로 꾸미고, 마음의 불안을 합리화하고 있는 것은 아닌가? 신들의 이름을 걸고 말하지만, 절대로 그래서는 안 된다. 설령 네가 다소 이해력이 둔한 편이라 해도, 그런 나 자신을 방치하지 말고, 그 점 역시 노력과 훈련을 통해 극복해야만 한다." 아우렐리우스는 우리에게 각자만의 재능과 힘이 있다고 말했다. 또한 그것들은 다 외부에서 다 주어지는 것이 아니라 우리 내면에 이미 있는 것들이었다. 그것들은 누구나 가질 수 있지만 누구나 사용할 수 있는 것이 아니라는 것. 이런 말을 본 적이 있다. 재능이 없다면 노력하라는 놈이 있지만 그건 잘못됐다. 왜냐하면 노력할 수 있는 것 자체가 재능이기 때문이다. 그렇다. 어쩌면 누군가에는 그렇게 끈기를 갖고 노력할 수 있는 것 자체가 재능으로 보일 수가 있는 것이다. 나도 살면서 그렇게 특출난 사람을 본 적이 거의 없다. 그나마 조금 잘하는 사람들을 봤을 때, 그들은 '노력'과 '끈기'로 자신이 남들보다 조금은 더 튀어나온 부분을 더 뾰족하게 만들었다. 이처럼 우리는 재능을 탓할 게 아니라 가진 것을 잘 활용할 줄 아는 사람이 되어야 한다. 인생은 태도다. 내가 어떤 태도로 인생을 바라보고 행동하느냐에 따라 가진 것을 재능으로 만들고, 가진 게 없어도 해내는 사람이 되는 것이다. 꼭 누군가의 인정을 해주거나, 사람들이 잘 돌봐줘서 대단해지는 것이 아니다. 가치는 결과에 비례해서 따라오게 되어 있다. "나는 둔해서 잘 깨닫지 못해.", "나는 좀 부족해." 그렇게 말하고 뒤로 숨는 건 아무 결과를 만들어낼 수 없기에 나의 가치를 깎는 일이다. 마르쿠스 아우렐리우스는 말한다. "훈련하고자 했다면, 너는 이미 이 모든 약점을 오래전에 떨쳐냈을 것이다." 맞다. 우리 또한 지금부터라도 훈련하고자 한다면 그 약점을 최고의 수준까지는 아니더라도 이미 떨쳐냈을 수 있었을 것이다. 약점은 변명의 재료가 아니라, 훈련의 출발점이다. 오늘 하루 조금 더 해보겠다는 마음, 어제보다 한 걸음 더 나아가려는 의지가 결국 우리를 바꾼다. 가치는 타고나는 것이 아니라, 쌓아가는 것이다. 지금 시작해도 늦지 않다. 계속해 나간다면, 언젠가 그 결과가 당신의 가치를 증명해 줄 것이다. 내가 가진 것이 부족하다고 느껴질 때, 이미 내 안에 있는 것들을 돌아보자. 자비, 끈기, 절제, 성실함. 그 모든 것들은 내가 타고난 것만큼이나 분명히 존재한다. 이제 필요한 것은 그것을 드러내는 용기다. 남을 따라잡으려 애쓰기보다, 나를 조용히 단련하는 데 힘을 기울인다면, 그 자체로 이미 큰 걸음을 내디딘 셈이다. 세상은 결과만을 보지만, 진짜 변화는 보이지 않는 반복과 인내 속에서 자란다. 없는 것보다 가진 것을 보고 하루하루 만들어가며 값진 가치를 만들어 가길 바란다.

**"이 덕목들은 모두 네 안에 있다.
그리고 지금 당장 실천할 수 있다."**

007

한 번의 상처로
모든 사람을 놓지 않기를

 사람은 여러 일을 겪다 보면 본능적으로 방어기제를 발휘하게 된다. 특히 유독 상처를 많이 입었던 인간관계에서는 새로운 사람을 쉽게 만나지 못하고, 누군가를 믿는 일도 점점 더 어려워진다. 상처를 받을 때마다 대부분의 사람은 스스로를 위로하기 위해 혼자가 되려 하거나, 외부 자극을 통해 기분을 전환하려 한다. 어쩌면 혼자가 편하다고 말하는 사람일수록 사실은 누구보다도 정이 많은 사람일지도 모른다. 그만큼 진심을 다해 사람을 대했고, 그만큼 크게 상처받았기 때문에 이제는 인간관계가 부질없다고 느끼며 점점 스스로를 고립시켜 가는 것이다. 하지만 마르쿠스 아우렐리우스는 혼자서 인생을 견디기보다, 다른 해결 방법을 제안한다. 그는 말했다. "네가 마음을 밝게 하고 싶을 때는, 너와 함께 살아가는 이들의 미덕을 떠올려 보아라. 어떤 이는 활력 있고, 또 어떤 이는 겸손하며, 또 다른 이는 너그럽고, 또 어떤 이는 성실하거나 절제되어 있다. 이런 식으로 타인의 성품에서 드러나는 미덕들을 생각하는 것만큼 마음을 기쁘게 하는 일은 없다." 아우렐리우스의 이 말은, 우리가 어두운 감정에 휘둘릴 때 '타인의 잘못'만 바라보지 말고, '다른 이들의 선함'을 떠올리라는 뜻이다. 요즘처럼 맞지 않으면 싸우고, 싫으면 멀리하라는 말이 너무 당연시 여겨지는 시대에, 오히려 꼭 필요한 조언이 아닐까 싶다. 사람에게 상처받고 슬퍼질 때, 우리는 나를 아프게 한 그 사람이나, 내가 받은 상처에만 집중하게 된다. 하지만 누군가가 나를 실망시켰다고 해서, 세상 모든 사람이 그런 건 아니다. 한 친구에게 상처받았다고 해서, 모든 관계가 무의미한 것도 아니다. 그럼에도 우리는 종종 그런 경험들로 인해 사람 자체를 믿지 못하게 되고, 타인을 향한 마음의 문을 닫는다. 그러나 아우렐리우스는 그런 순간에도 당신 주변에는 여전히 따뜻한 마음을 가진 사람들이 존재한다는 사실을 잊지 말라고 말한 것이다. 예를 들어, 오늘 누군가의 무례한 말에 마음의 상처를 입었다면, 잠시 멈춰 생각해 보는 것이다. 항상 웃으며 인사해 주는 친구, 바쁜 와중에도 내 이야기를 들어주는 동료, 아무 조건 없이 나를 챙겨주는 가족. 그들이 나에게 보여준 작은 배려와 다정함을 떠올리다 보면, '나는 혼자가 아니다'라는 사실을 다시 깨닫게 된다. 또한 그들의 따뜻한 태도는 단지 위로를 넘어서, 우리가 삶을 대하는 방식을 바꿔놓을 수도 있다. 또한 꼭 나에게 국한되어 생각하는 것이 아닌, 그들의 긍정적인 대처 방법에도 배울 점이 많다. 화가 나도 차분히 대화를 이어가는 친구, 힘든 상황에서도 여전히 남을 먼저 걱정하는 사람, 실망 속에서도 원망보다는 이해를 선택하는 이들. 이런 사람들을 떠올리다 보면 그들이 가진 강한 내면의 힘과 배려하는 태도는 곧 나에게도 귀감이 된다. 우리는 단 한 번의 실망에 너무 쉽게 관계를 끊어내고, 사람을 놓아버리곤 한다. 하지만 그런 순간에도 누군가의 좋은 점을 떠올리는 연습은, 사람에게 쉽게 등을 돌리지 않도록 해준다. 관계를 지키는 힘은 거창한 기술이 아니라, 그 사람 안의 선한 면을 기억해 주는 작은 마음에서 비롯된다. 그렇게 선한 면을 기억해 주는 마음은 결국 나 자신을 위한 것이기도 하다. 모든 관계가 완벽하길 바라는 건 욕심이고, 어느 누구도 늘 한결 같을 수는 없다. 하지만 그 사람과 함께했던 다정한 순간들, 나를 웃게 했던 말과 행동, 힘들 때 내 곁을 지켜줬던 기억들을 떠올리는 것만으로도 마음이 한결 부드러워진다. 그러니 이제 우리는 서운함보다 고마움을 먼저 떠올릴 줄 아는 사람이 되고, 상처보다 배움을 택할 줄 아는 사람이 되자. 그런 사람이 결국 좋은 관계를 오래 지켜낼 수 있다.

"네가 마음을 밝게 하고 싶을 때는,
너와 함께 살아가는 이들의 미덕을 떠올려 보아라."

008

장애물에 넘어져도
일어서는 법

 마르쿠스 아우렐리우스는 인생의 장애물에 대해 이렇게 말했다 "행동을 방해하는 것이 오히려 행동을 앞당긴다. 장애물은 곧 길이 된다." 이 말은 우리도 수없이 많이 들어서 알 것이다. 로마의 황제였던 그도 마찬가지일 것이다. 하지만 그가 황제가 되고 나서, 실질적으로 거대한 장애물을 만났다. 그가 황제가 되었을 때, 공동 황제로 세운 루키우스 베루스는 생각보다 성실하지 않았고, 전쟁을 주로 아우렐리우스에게 떠넘겼다.

그래서 그는 거의 20년간 전쟁을 치러야 했고, 전쟁과 역병, 배신과 반란으로 그는 점점 피폐해져 갔다. 믿었던 장군이 등을 돌리고, 가까운 사람들조차 이기심으로 군림하려 했다. 하지만 그는 그 순간에도 배웠던 것들을 이론으로만 아는 것이 아닌 실제로 삶에 적용시켰다. 그래서 그 순간순간에 분노하기보다 통찰을 선택했다. 그는 자신의 명상록에 이렇게 적었다. "그들이 내 일을 방해할 수는 있어도, 내 마음과 정신은 건드릴 수 없다." 그는 사람에 실망하고 고통받았으면서도, 그것을 자기 수양의 기회로 삼았던 것이다. 혼란스러운 상황 속에서도 그때 드는 생각과 마음들을 기록했고, 아첨과 음모 속에서도 이성의 중심을 지켰다. 인간에게 크게 실망하면서도 인간성을 버리지 않았다. 그가 무엇보다 중요하게 바라본 건, 외부의 조건은 언제든 흔들릴 수 있지만, 그 안에서 어떻게 생각하고 반응할지는 전적으로 나의 몫이라는 믿음이었다. 마르쿠스 아우렐리우스는 그 치열한 삶 속에서 이 점을 분명히 보여주었다. 우리도 그의 삶처럼, 단순한 철학이 아니라 실제로 고통을 겪고도 무너지지 않는 실천적 철학을 배워야 한다. 인생을 살다 보면 누구나 예상치 못한 상처를 겪게 된다. 가족처럼 믿었던 친구에게 배신을 당하거나, 모든 것을 걸고 따랐던 상사에게 외면당하는 순간들처럼 말이다. 그럴 때 우리는 흔히 그 사람에 대한 미움이나 원망에 사로잡히기 쉽다. 하지만 중요한 건 그 일을 겪고 난 뒤의 남는 내 감정이다. 내가 얼마나 상처를 받았는지를 떠나, 그 감정에 잠식되어 분노와 미움만 남아 있다면, 나는 아직 그 일을 온전히 넘어서지 못한 것이다. 반면, 그 아픔을 딛고 "어떻게 다시는 이런 상황을 반복하지 않을 수 있을까?", "이런 상황이 일어났을 때 어떻게 대해야 할까?" 하고 교훈을 얻었다면, 그것은 이미 그 고통을 발판 삼아 성장한 것이다. 아우렐리우스는 바로 그런 식으로 고통을 통과해 나갔다. 타인에게 실망하면서도 사람 자체를 미워하지 않았고, 힘겨운 상황 속에서도 배움의 태도를 잃지 않았다. 우리도 마찬가지다. 상처받은 경험을 통해 더 단단해질 수 있다면, 그 일은 단순한 고통이 아니라 우리를 성장시킨 전환점이 될 수 있다. 진짜 강한 사람은 상처받지 않는 사람이 아니라, 상처를 마주한 뒤에도 스스로를 지켜내는 사람이다.

**"행동을 방해하는 것이 오히려 행동을 앞당긴다.
장애물은 곧 길이 된다."**

009

과거를 보면
미래가 보인다

　마르쿠스 아우렐리우스는 이렇게 말했다. "과거를 돌아보고서 수많은 왕조들의 흥망성쇠를 생각해 보라. 그러면 미래에 일어날 일들도 내다볼 수 있게 될 것이다. 미래에 일어날 일들은 과거에 일어난 일들과 똑같을 것이고, 현재 일어나고 있는 일들의 패턴에서 벗어날 수 없을 것이다. 그러므로 인간의 삶이라는 것은 40년을 살펴보든, 만 년을 살펴보든 거기에서 거기고 똑같다. 인생에서 더 볼 것이 어디 있겠는가." 그는 말한다.

미래가 불안하고, 무엇이 옳은 길인지 알 수 없을 때는 과거를 돌아보라고. 수많은 제국이 일어났다가 사라졌고, 위대한 업적도, 치욕적인 실패도 결국 모두 시간 속으로 흘러갔다. 누군가의 영광도, 누군가의 비극도 결국 잊히고 사라진다. 그렇게 본다면 앞으로 우리가 겪을 일들도 크게 다르지 않다. 우리가 맞이할 성공과 실패, 기쁨과 슬픔, 그 모든 것은 이미 이 세상 어딘가에서 수없이 반복되어온 것들이다. 그래서 그는 더 담대하게, 더 지혜롭게 살아야 한다고 말했다. 어쩌면 인생을 현명하게 살아간다는 건, 전략적이고 복잡하게 살아가는 게 아닌, 미래를 과하게 두려워하지 않고, 변화에 겁먹지 않는 것일지도 모른다. 아무리 수모를 피하고, 위험을 피해 살아보려 해도 역사는 언제나 되풀이되어 왔다. 그렇다면 우리가 할 수 있는 최선은 결국 지금 이 순간을 진실하게 살아가는 것이다. 우리의 인생은 본질적으로 다르지 않다. 과거를 돌아보면 알 수 있다. 사람의 욕심은 끝이 없었고, 영원한 것은 하나도 없었다. 결국 진정으로 의미 있는 건, 순간순간을 어떻게 살아내느냐에 달려 있다. 그래서 우리는 미래를 너무 염려하기보다, 과거에서 배움을 얻고, 오늘 하루를 더 진지하게 마주해야 한다. 무언가를 정말 하고 싶다면, 두려움보다는 담대함으로 나아가 보자. 망설이다 미련이 남을 것 같다면, 일단 해보자. 이것이 반복되는 시간 앞에서 부끄럽지 않게 사는 방법이다. 게으르고 안일했던 시간은 결국 후회로 돌아오고, 성실하고 정직하게 살아낸 하루는 소중한 기억이 되어 우리의 미래에 더 힘을 가할 것이다. 만약 지금 답이 보이지 않는다면, 과거를 돌아보라. 그 안에 미래의 길도 담겨 있다.

"40년을 살펴보든, 만 년을 살펴보든 똑같다.
인생에서 더 볼 것이 어디 있겠는가."

010

내게 일어난 일은
나를 위한 것이었다

　어떤 일이 내게 일어났을 때, 그 일이 나에게만 유독 가혹한 것처럼 느껴질 때가 있다. 다른 애들은 한 번에 붙는 시험에 나 혼자만 떨어진다든가, 오늘따라 일이 잘 풀리지 않는다든가, 길을 가다가 갑자기 걸려 넘어진다든가 할 때처럼 말이다. 하지만 마르쿠스 아우렐리우스도 마흔에 황제의 자리에 올랐던 만큼 다사다난한 일들이 많았다. 그도 일이 잘 풀리지 않을 때 이렇게 말했다. "너에게 일어나는 모든 일은 처음부터 너를 위해 준비되어 있던 것이다. 우연처럼 보일지 몰라도, 네 삶에 꼭 필요한 조각으로 운명의 실에 이미 엮여 있었다. 세상 모든 것은 서로 얽혀 있고, 보이지 않는 인연이 그것들을 하나로 묶고 있다. 보기에는 따로 떨어져 있는 것처럼 보여도, 거의 모든 일이 어떤 방식으로든 연결되어 있다. 모든 존재는 하나의 우주 안에서 조화를 이루며 제자리를 지키고 있는 것이다. 그러니 지금 겪는 일도 결국 그 질서 속에서 너에게 주어진 몫이다. 모든 일은 순서에 따라 일어나고, 결국 하나의 전체를 이루게 되어 있다." 즉, 지금의 실패나 고통도 언젠가 반드시 제 역할을 하게 된다는 뜻이다. 나도 일을 하다 보면 지금 하는 작은 일들이 미래에 나에게 도움이 되지 않을거라 생각할 때가 있었다. 그런데 시간이 흘러 이직을 하고 다른 일들도 해보면서 깨달았다. 그때의 일들이 지금의 나를 만들 수 있었다는 것을 말이다. 지금은 이해가 되지 않아도, 시간이 흐른 뒤 돌아봤을 때는 꼭 맞아 떨어지는 순간이 온다. 그게 공부든, 일이든, 운동이든 말이다. 물론, 정말 나에게 일어나지 않았으면 하는 일들이 덮쳐올 때가 있다. 하지만 그런 어려움 앞에서 두려움을 느끼거나 포기해서는 안 된다. 아우렐리우스는 두려움이 생길 때 이렇게 말했다. "올바른 원칙에 따라 행동하지 못했다고 해서 실망하거나 낙담하거나 불만을 품지 말라. 실패했을 때는 다시 돌아오라. 만약 네가 하는 대부분의 일이 인간의 본성에 부합한다면 만족하라. 그리고 네가 다시 돌아오는 그 길을 사랑하라. 철학을 엄격한 도덕적 훈육이나 자기비판의 도구처럼 고통스럽고 무거운 것으로 대하지 말고, 몸이 아플 때 치료하듯이 자연스럽고 필수적인 것으로 받아들여라. 그렇게 하면 너는 이성에 순응하게 될 것이며, 그 안에서 평온을 얻을 것이다. 철학은 네 본성이 요구하는 것만을 요구한다는 것을 기억하라. 하지만 너는 본성에 부합하지 않는 다른 것을 원한다." 그의 말처럼 우리도 실망하거나 낙담하는 일이 생기면 우리는 더 좋은 일, 더 나은 결과를 바라며 "왜 나에게만 이런 일이 생기지?" 하며 자책하고 화를 낼 것이다. 이럴 때일수록 그의 말처럼 내가 어떻게 할 수 없는 것에 화를 내는 것보다, 그대로 받아들이는 것이 더 현명하다. 단순히 자기합리화가 아니라 어둠이 나를 삼키지 못하도록 하는 것이다. 하지만, 정말 어려운 일을 당하면 이렇게 생각하기가 쉽지 않다. "왜 꼭 나여야 해?"라며 반박할 수도 있다. 아우렐리우스는 위 질문에 대한 답을 이렇게 말했다. "지금 내가 하는 일보다 더 재밌고 좋은 일이 있지 않을까?" 이렇게 생각하는 사람들이 있다. 하지만 바로 그런 생각이, 쾌락이 우리를 속이는 방식이다. 눈앞의 즐거움을 진짜 좋은 것처럼 보이게 만든다. 그런데 곰곰이 생각해 보면, 고귀함, 자유, 단순함, 평정심, 그리고 경건함이 주는 기쁨이 훨씬 더 깊고 오래 간다. 세상을 더 잘 이해하고, 스스로를 더 깊이 알아갈 때 느끼는 안정감과 만족감은 다른 어떤 쾌락과도 비교할 수 없다. 그런 기쁨을 떠올려 보면, 지혜를 얻는 기쁨보다 더 큰 기쁨이 과연 있을까라는 생각이 든다. 그래서 나는 요즘 어려운 일을 당할 때마다 계속해서 그 일을 생각하기보다, 그 일을 통해서 어떤 기쁨을 느낄 수 있는지를 생각한다. 내 권한 밖의 일들을 두고 힘들어하는 것보다 그럼에도 내가 살아갈 이유를 찾고 있는 것이다. 인생이 유난히 가혹하고 불행하다 느껴질 때 이 점을 깊이 생각해 보면 좋겠다. 삶은 절대로 뜻대로 흘러가지 않는다. 그럼에도 밝고 건강하게 살아가는 사람과 우울하고 비판하는 사람의 결정적 차이는 여기서 갈리는 것이다. 유독 "나 빼고 다른 사람들은 다 행복한 거 같아."라고 생각하는 사람들이 많다. 하지만 눈에 보이지 않을 뿐, 다들 똑같이 어려움을 겪고 있다. 단순히 자신의 어려움으로 그들의 어둠을 외면하지 않길 바란다. 그들이 밝게 살아갈 수 있는 건 상황이 좋아서가 아니라, 그럼에도 자신의 삶을 살아가는 용기를 가졌기 때문이다. 만약 정말 감당하기 힘든 일이 생겨 삶이 어렵다면 이렇게 말해보자, "얼마나 더 재미난 일들이 생기려고 이러나?" 눈앞의 결과에만 휘둘리지 않고, 그 안에 담긴 배움과 성장의 기회를 보려 애쓰는 것이다. 그렇게 어려움과 아픔을 새로운 긍정적인 시각으로 바라본다면, 견디는 시간은 괴로울지라도, 그 안에 반드시 배울 것을 발견하고 성장하는 내가 되어 있을 것이다. '해뜨기 전이 가장 어둡다'는 과학적 근거가 없는 말이 아니다. 당신은 어두울 때 더 밝게 빛나는 별이니, 해를 쫓지 말고 있는 그대로의 나다운 별이 되라는 말이다.

**"그런 생각이, 쾌락이 우리를 속이는 방식이다.
눈앞의 즐거움을 진짜 좋은 것처럼 보이게 만든다."**

Chapter. 05

삶은 선택이 아니라 태도의 문제일지도 모른다

Marcus Aurelius

001

깨어 있는 정신만이
삶을 다시 일으킬 수 있다

　선택을 잘 못하는 사람이 있다. 좋은 선택과 좋지 않은 선택을 말하는 게 아니라 아예 선택 자체를 힘들어하는 사람들이다. 밥을 먹을 때나 커피를 마실 때 뭘 먹을지 고민하기보다 "너 먹는 거 먹을게"라고 말하거나, 옷을 살 때 자신이 이쁜 것을 골라 사기보다 계속 어떻냐고 물어보고, 타인이 괜찮다고 하면 그 옷을 산다. 흔히 말해 선택 장애라고 한다. 선택 장애가 생기는 이유는 여러 가지 요인이 있겠지만, 요즘 대부분은 경쟁사

회에서 살다 보니 한 번 잘못 선택하면 돌이킬 수 없을 거 같은 불안감을 가지게 되는데, 이때 더 좋은 선택을 하려다 보니 아무것도 고르지 못하는 것이다. 이들이 어렸을 때는 부모님이 "이거 해", "저거 해"라며 정답을 말해줬을 가능성이 크다. 그래서 나이가 들어 선택을 하라고 하니 매우 당황스럽고 무엇을 선택해야 잘한 선택인지 모르는 것이다. 하지만 선택에는 좋은 선택과 나쁜 선택이 따로 없다. 내가 선택하고 그 선택에 책임을 지고 살아가는 것뿐이다. 마르쿠스 아우렐리우스는 이런 말을 했다. "루스티쿠스에게서는 내 품성을 다듬고 훈련해야 한다는 인상을 받았다. 그는 궤변에 빠지지 않고 화려한 말에 현혹되지 않도록 가르쳐 주었으며, 어떤 지식인이든 쉽게 설득당하지 않도록 끊임없이 경계하라고 일깨워 주었다." 즉, 지위가 높고 잘난 사람이라도 그대로 믿기보다 깊이 사고하고 스스로 확인하는 것, 오직 그것만이 진정한 '내 것'으로 만들 수 있다는 것이다. 우리의 인생은 선택의 연속이다. 하지만 그 누구도 그 선택이 좋은 선택인지 아닌지 알지 못한다.

그래서 선택을 하고 책임지고 살아가야 한다는 것이다. 사람의 생각은 작은 불꽃과 같아서 누군가 탈 만한 것을 던져주면 다른 생각을 할 겨를도 없이 활활 타, 그 생각만 하게 된다. 그래서 불꽃에 탈 것을 주는 것은 타인이 아닌 나여야 한다. 아우렐리우스는 "네 사고의 빛을 꺼뜨리지 마라. 생각하고 판단할 수 있는 능력을 통해 언제든지 새로운 삶을 시작할 수 있다. 예전처럼, 다시 세상을 새롭게 바라보라."라고 말했다. 삶이 지치고 무너질 때도, 내 정신만 무너지지 않는다면 언제든 다시 일어설 수 있다. 그 불꽃을 지키기 위해서는, 계속해서 스스로 생각해 보아야 한다. 타인의 말에 휘둘리지 않고, 스스로 납득할 때까지 깊이 사고하며 직접 경험해 보는 것이다. 아무리 힘든 순간에도, 깨어 있는 나의 정신은 우리를 다시 일으켜 세운다. 익숙한 것들에 속을 수는 있어도 무너지지는 않기 때문이다. 만약 선택 앞에서 자꾸 망설여진다면 정답을 찾으려 애쓰기보다 내가 무엇을 원하는지를 묻는 연습부터 해보자. 누군가의 기준에 맞추려 하지 말고, 나의 감각과 경험을 믿어

보는 것이다. 그 작은 생각이 나의 가치관을 만들게 되어 있다. 그러다 보면 어느새 선택이 두렵지 않은 사람이 되어 있을지도 모른다. 내 삶을 결정하는 힘은 언제나 내 안에 있다는 걸 명심하자.

**"네 사고의 빛을 꺼뜨리지 마라.
생각하고 판단할 수 있는 능력을 통해
언제든지 새로운 삶을 시작할 수 있다."**

아직 오지 않은 시간을 두려워하지 말라

 미래에 관한 고민은 많은 이들의 숙제이자 숙명이다. 당장 돈을 많이 벌고 있어도 이것이 언제까지 지속될지 걱정되고, 반대로 돈을 벌지 못하는 상황이라면 앞으로 계속 일할 수 있을지 불안해진다. 그래서 사람들은 아직 오지 않은 미래를 떠올리며 불안을 느낀다. 하지만 마르쿠스 아우렐리우스는 이렇게 말한다. "미래가 오더라도, 너는 지금 사용하는 이성과 함께 맞이하면 된다." 그는 인생을 겁내지 말고, 지금처럼 자신을 믿고 순간순간을 잘 살아내면 된다고 말한다. 내가 여태까지 어떤 상황을 겪었든, 보란 듯이 살아 있다는 건 결국 내가 스스로를 지켜냈다는 증거다. 그렇다면 앞으로도 나를 믿어볼 만하다. 미래에도 여전히 내가 있을 것이고, 지금처럼 생각하고 선택하며 앞으로 나아갈 수 있을 것이다. 아직 일어나지 않은 일을 상상하며 괴로워할 필요는 없다. 진짜 중요한 건 아직 오지 않은 미래가 아니라, 지금까지 나를 견디게 한 힘을 믿는 일이다. 내가 지금껏 살아온 시간 속에서 보여준 인내, 판단, 정신력은 무엇보다 확실한 자산이다. 미래는 갑자기 낯선 내가 나타나 그 일을 대신 처리하는 게 아니다. 지금의 내가 이어져 그날의 나를 만든다. 우리는 이 점을 명심하고 지금, 이 순간, 눈앞의 일에 집중하면 된다. 아우렐리우스는 말했다. "인생 전체를 한꺼번에 떠올리며 괴로워하지 말라. 당장의 순간을 충실히 살아가라." 불안을 없애기 위해 모든 것을 계획하고 통제하려 들기보다, 지금, 이 순간의 판단을 믿고, 미래에도 그 판단을 이어가면 된다. 생각해 보면 우리는 지금껏 수많은 어려움을 이겨내며 살아왔다. 어릴 땐 걷기 위해 수없이 넘어졌고, 학창 시절엔 수많은 경쟁 속에서 목표를 찾았으며, 성인이 되어서는 누구도 책임져주지 않는 세상에서 혼자 버티며 여기까지 왔다. 그것만으로도 당신은 무엇이든 해낼 수 있는 사람이다. 어쩌면 앞으로 다가올 일보다 더 힘들고 복잡한 순간들 중 가장 힘든 일을 이미 이겨냈을지도 모른다. 그렇다면 미래도 다르지 않다. 그때처럼 지금의 내가, 또다시 잘 이겨낼 것이다. 미래의 나를 너무 걱정하지 말자. 당신은 생각보다 훨씬 대단하고, 이미 많은 것을 이겨낸 사람이다. 그런 당신을 믿길 바란다.

**"인생 전체를 한꺼번에 떠올리며 괴로워하지 말라.
당장의 순간을 충실히 살아가라."**

나다운 게
무엇인지 모를 때

 인생의 불행은 '나다운' 것이 아닌 것들을 나답다고 착각할 때 시작된다. 돈, 명예, 외모, 인맥, 지위 같은 것들처럼 현재 내가 가진 것이 아님에도 과도하게 가지려 하고, 부러워하는 순간 따라오는 것이다. 마르쿠스 아우렐리우스는 나다움에 대해 이렇게 말했다. "벌집이 좋지 않다면, 벌에게도 좋을 수 없다. 인간의 본성에 부합하지 않는 것이라면 그것은 결코 선이 아니며, 그런 것들로부터 자유로운 사람이야말로 진정으로 선한 사람이다." 여기서 말하는 선은 인간의 본성, 곧 이성적이고 누구에게나 떳떳할 수 있는 '나다움'을 말한다. 외적인 것들이 아무리 화려하고 매혹적이라 해도, 그것이 우리의 본성을 왜곡시키게 만든다면, 그것은 나다움이 아니라는 것이다. 하지만 살다 보면 다른 생각이 든다. 인생을 좀 더 편하고 재밌게 살려면 더 가져야 하고, 더 인정받아야 하며, 더 많은 것을 이뤄야 하기 때문이다. 돈이 있어야 맛있는 것을 사고 좋은 옷을 입고, 이루고 싶은 꿈에도 더 쉽게 다가갈 수 있으니까 말이다. 그래서 인생을 어떻게 살아야 하는지 참 난감할 때가 있다. 하고 싶은 것은 많은 데 가진 게 없고, 너무 힘들게 살아가야 하니까 말이다. 하지만 아우렐리우스가 말하는 '나다움'에는 그것을 얻으려는 과정에서 본래의 자신을 잃지 않아야 한다는 전제가 있다. 돈을 벌기 위해 불법적인 일을 하고, 자신의 이익을 위해 친구를 이용하는 것처럼 말이다. 그는 로마 황제로서 어마어마한 책임과 권력을 지닌 자리에 있었기 때문에 더더욱 그러한 외적인 것을 쉽게 접할 수 있었다. 하지만 그는 자신의 영혼이 언제든 타락할 수 있음을 경계했다. 그래서 그는 '나다움'을 잃지 않기위해 이렇게 말했다. "나는 지금 이 순간, 내 영혼을 어디에 쓰고 있는가? 항상 스스로에게 이 질문을 던져야 한다. 그리고 내 안에 있는 '지배적 이성'이 지금 무엇을 품고 있는지 살펴야 한다. 지금 내 영혼은 누구의 영혼인가? 어린아이의 것인가? 젊은이의 것인가? 나약한 여인의 것인가? 폭군의 것인가? 짐승의 것인가? 아니면 길들여지지 않은 야수의 것인가?"라고 말이다. 그는 많은 것을 가졌지만 한 순간의 타락으로 자신이 여태까지 이뤄놓은 모든 것을 망칠 수 있음을 알았던 것이다. 우리도 무언가를 할 때 항상 그것에 눈이 멀어 타락하지 않도록 조심해야 한다. 만약 그것에 빠져버린다면 순간은 좋을지 몰라도 그 업보는 다 돌아오게 되어 있다. 아우렐리우스는 "인간으로서 자신이 합당하게 할당 받지 않은, 그 어떤 것에도 눈길을 주어서는 안 된다"고 말했다. 그는 외적인 성취나 소유보다, 그것들과의 거리를 둠으로써 인간다운 삶을 살 수 있다고 보았다. 우리가 어떤 것에 집착하지 않고도 마음이 편안할 수 있다면, 그것은 우리를 망치지 않았다고 보았던 것이다. 그래서 그는 "내가 잘 살고 있는가?"라는 질문보다는 "그것이 나의 본성과 조화를 이루는가?", "그것이 나를 더 현명하게 만들고, 더 자비롭게 만들고, 더 진실되게 만들고 있는가?"라고 물었다. 만약 우리도 무언가를 할 때 위 질문에 '그렇지 않다'라는 답이 나온다면, 아무리 돈을 많이 벌고 좋아 보이는 일이라도 그것들을 미련 없이 놓아주자. 아우렐리우스는 타인의 칭찬에도 들뜨지 않고, 비난에도 움츠러들지 않았다. 왜냐하면 그는 어떤 것과도 타협하지 않았기 때문이다. 이처럼 인생에서 나를 지키기 위한 가장 중요한 싸움은 '무엇을 얻느냐'가 아니라, '어떻게 나를 지켜내느냐'이다. 이기적인 삶이나 타인에게 잘 보이기 위한 삶은 언젠가 허물어지고, 그렇게 얻은 성공은 마음속 공허함을 채워주지 못한다. 진짜 성공이란 외적으로 드러나는 결과가 다가 아니다. 내가 나를 잃지 않고 끝까지 지켜낸 삶이라면, 비록 느리더라도 그것은 결코 실패한 인생이 아니다. 타인의 기준이 아닌, 내 양심과 이성 앞에서 당당할 수 있다면, 우리는 이미 가장 중요한 싸움에서 이긴 것이다.

**"인간으로서 자신이 합당하게 할당 받지 않은,
그 어떤 것에도 눈길을 주어서는 안 된다."**

004

게으름이
나를 지배할 때

매일 아침 우리는 스스로와 전쟁을 하게 된다. 당장 움직여야 하지만 따뜻한 이불 속에 계속 머물고 싶은 욕망과, 일어나 하루를 시작해야 한다는 의무감 사이에서 큰 전쟁을 치르기 때문이다. 그렇게 딱 5분만 더 누워있자고 스스로와 타협하지만 5분은 어느새 30분이 되고, 결국 허둥지둥 집 밖을 나서게 된다. 이것이 많은 사람의 아침일 것이다. 스토아 철학자이자 로마 황제였던 마르쿠스 아우렐리우스는 약 2,000년 전에 이미 이 일상적 투쟁을 정확히 꿰뚫어 보았다. 마르쿠스 아우렐리우스는 날이 밝았는데도 잠자리에서 일어나기가 싫을 때는 마음속으로 이렇게 생각하라고 말했다. "나는 인간으로서 해야 할 일을 하기 위해 일어나는 것이다. 나는 그 일을 위해 태어났고, 그 일을 위해 세상에 왔는데, 그런데도 여전히 불평하고 못마땅해야 하는 것인가. 나는 침상에서 이불을 덮어쓰고서 따뜻한 온기를 즐기려고 태어난 것이 아니지 않은가? 자연은 너에게 즐거움을 위해 존재하라고 했는가? 혹은 편히 쉬기 위함이라 했는가? 너는 움직이고, 행동하며, 노동하고, 이성의 사명을 다하기 위해서 존재한 것이 아니었는가? 자연계를 보라. 개미는 쉬지 않고 일하며, 새들은 둥지를 나서고, 벌들은 사회 전체를 위해 움직인다. 그런데 너는 인간이면서도 자신의 본성에 따라 움직이기를 거부하는가? 우리는 행동하기 위해 태어났음에도 불구하고, 게으름이라는 안락한 감옥에 자신을 가두려 한다."고 말했다. 그렇다고 아우렐리우스는 휴식의 필요성을 부정하지 않았다. 그가 말하길 "자연은 휴식에도 일정한 한계를 두었다. 우리는 먹고 마시는 것도 일정한 수준까지만 허용되며, 그 이상은 해롭다. 그런데 이상하게도 우리는 행동에 있어서는 그 한계를 너무 낮게 둔다. 할 수 있는 것보다 훨씬 적게 하고도 멈추며, 만족해 버린다."라고 말했다. 또한 그는 우리가 할 수 있는 것보다 적게 하는 이유에 대해 이렇게 말했다. "이는 네가 자신을 사랑하지 않기 때문이다. 만약 자신을 사랑했다면, 너의 본성과 그 의지를 사랑했을 것이다. 각자의 기술을 사랑하는 사람들은 씻지도 않고, 먹지도 않으며 그 일에 몰두한다. 그런데 너는 자신의 본성을 대장장이가 금속을 다루는 기술보다, 무용수가 춤을 추는 예술보다, 부자가 돈을 사랑하는 것보다, 허영심 많은 자가 명예를 사랑하는 것보다 덜 소중히 여긴다. 이러한 사람들은 자신이 사랑하는 것을 완성하기 위해 먹지도 않고, 자지도 않는다. 그런데 너는 사회와 관련된 행위들을 덜 가치 있게 여기며, 노력할 가치가 없다고 생각하는가?"라고 말했다. 오늘날 우리는 이 부분을 깊이 생각해 보아야 한다. 현대 사회에서 우리는 게으름을 '자기관리', '휴식', '번아웃 예방'이라는 명목으로 정당화하며 놀고먹고 쉬기에 바쁘다. 정말 그 게으름이 진정으로 회복하기 위해서인지, 아니면 하기 싫은 것으로부터의 도피하기 위한 변명인지 명확하게 해야 한다. 만약 그 행위가 정작 자신을 위한 것들이라 말하면서 힘들고 피곤하다는 이유로 멈춰버리는 것이라면 깊이 반성해야 할 것이다. 이는 아우렐리우스의 말처럼 자신을 사랑하지 않기 때문에 그렇다. 나를 정말 사랑한다면 몸을 부지런히 움직일 것이다. 사랑이란, 상대가 귀찮아하는 것을 내가 기꺼이 대신해 줄 수 있는 것이다. 아침에 일어나 일을 가고, 운동을 하며, 자기 계발을 한다. 이처럼 자신을 정말로 사랑한다면 귀찮은 일도 마다하지 않고 해야 하는 것이다. 스스로를 사랑한다고 말했지만, 늘 편한 것만 좇으며, 나를 방치하지는 않았는지 생각해 보자. 아우렐리우스가 "나는 인간으로서 해야 할 일을 하기 위해 일어나는 것"이라고 말한 것처럼, 사람마다 태어난 이유에 대해 정확히 알지는 못하겠지만 확실한 건 자신의 쾌락만을 위해서는 분명 아닐 것이다. 그러니, 나를 사랑하는 데에 초점을 두고 당장은 힘들고 지칠지라도 그 귀찮고 힘든 것들을 기꺼이 하자. 그렇게 조금씩 해낸다면 그것들이 미래의 나에게 큰 행복을 안겨줄 것이다. 이제는 나를 방치하는 사람이 아닌, 사랑하는 사람이 되길 바란다.

"너는 자신을 사랑하지 않는다.
만약 사랑했다면, 자신의 본성을 사랑했을 것이고,
본성에 따라 행동했을 것이다."

005

선택을 잘하는 방법

    중요한 결정을 할 때 우리는 항상 망설이게 되어 있다. 하지만 마르쿠스 아우렐리우스는 말한다. "자연에 부합하는 모든 것은 나에게 이롭고 적합하다. 무엇이든 자연이 가져오는 것은, 그 시기와 형태와 방식 모두 나에게 익숙하고 합당한 것이다." 즉, 우리가 무엇을 하든 그것은 나에게 맞는 시기와 때에 따라 적합하게 오는 것이라는 뜻이다. 내가 지금 너무 힘들고 괴롭다면 그것은 나를 더 성장시키기 위한 어려움이고, 내가 지금 너무 잘 되고 있다면 그동안 열심히 해온 노력의 결과물에 맞는 운이 들어오는 것이다. 세상에 정답이란 없다. 하지만 모든 건 때에 맞는 어려움과 좋은 것들이라 생각하면 된다. 세상에는 성공한 자와 실패한 자가 있는 게 아니다. 포기한 자와 포기하지 않은 자가 있는 것이다. 우리도 어떤 어려움이 와도 "내게 필요한 것들이 오는 거구나."라고 생각하며 버티면 된다. 분명 주위에서 "이 정도면 안 된다는 거 아니야?", "그냥 다른 거 알아봐."라고 말하는 사람들이 있을 것이다. 그 말에 굳이 흔들릴 필요 없다. 아우렐리우스는 이렇게 말했다. "그들은 그들을 다스리는 이성에 따라 행동하는 것일 뿐, 너는 그들의 말에 주의를 기울이지 말고, 너의 본성과 우주의 본성을 따라 나아가라." 그러니, 당신이 무엇을 하려고 할 때 합당하다면 다른 사람들이 어떻게 평가하든, 그들이 나를 어떻게 보든, 내가 내 본성을 따라 걸어가면 된다. 사람은 자신이 아는 만큼 보고, 보이는 만큼 판단하게 되어 있다. 정글에 사는 사람에게 대학을 가고 싶다고 말하면 거기 가서 배울 것이 없다며 사냥하는 법을 배우라고 말할 것이고, 도시에 사는 사람에게 사냥법을 배워 돈을 벌겠다고 하면 그건 오래 갈 수 없다며 대학을 가라고 말할 것이다. 결국 나의 선택에서 중요한 건, 그들이 말하는 가능성이 아니라, 나의 이성이 향하는 방향이다. 내가 하고 싶고, 결정한 꿈이 있다면 그것이 거짓되지 않고, 타인을 해치는 것이 아니라면, 내 삶의 주인은 '나'라는 점을 명심하고 그 길을 당당히 걸어가면 된다. 이는 꼭 미래에 대한 중요한 결정뿐만이 아니라 인간관계에서도 같다. 사람마다 본성이 다르고, 보는 눈도 다르므로 누군가는 그냥 한 말을 비꼬아 듣고, 누군가는 진심 어린 말을 오해할 수도 있다. 하지만 그들의 반응이 내 진실을 바꾸지는 않는다. 내가 어떤 마음으로 살아가고 있는지를 아는 것이 중요하다. 누가 뭐라고 하든, 그 말에 휘둘려 내 마음마저 흐려지지 않기를 바란다. 세상은 언제나 말이 많다. 하지만 그 모든 말에 일일이 반응하다 보면 정작 내가 가야 할 길을 잃게 된다. 중요한 건 내가 왜 이 길을 선택했는지, 무엇을 위해 여기까지 왔는지를 잊지 않는 것이다. 바람이 흔들린다고 나무의 뿌리가 뽑히지 않듯, 외부의 말에 흔들리더라도 내 중심만은 지켜야 한다. 내가 걸어온 길에 부끄럽지 않다면 그걸로 충분하다. 당신은 이미 잘 해내고 있다.

**"무엇이든 내게 오는 것은,
그 시기와 형태와 방식 모두 나에게 합당한 것이다."**

006

선행을 베푸는
3가지 사람 유형

　선행을 베풀었을 때, 사람은 세 부류로 나뉜다. 첫 번째는 도와준 뒤 반드시 보답을 받아야 한다고 생각하는 사람이다. "내가 해줬으니, 너도 해줘야지."라는 마음을 가졌다. 두 번째는 겉으로는 아무 기대 없는 척하지만, 속으로는 자신이 베푼 일을 기억하고 상대가 고마워하길 바라며, 언젠가 그 호의가 돌아오길 은근히 기대하는 사람이다. 세 번째는 자신이 도왔다는 사실조차 오래 기억하지 않는 사람이다. 계산 없이, 그저 필요한 순간에 손을 내밀고, 그 일에 대해 따로 언급하지 않는다. 우리는 선행을 베풀었을 때 어느 부류에 속하는지 생각해 볼 필요가 있다. 단지 선행을 베푸는 방식을 보는 것이라기보다는, 내가 어떤 마음으로 사람을 대하는지 비추는 거울이 되기 때문이다. 사람을 도구로 본다면 첫 번째 유형처럼 생각할 것이고, 마음의 여유가 없다면 두 번째 유형처럼 생각할 것이며, 마음의 그릇이 큰 사람이라면 세 번째 유형처럼 생각할 것이다. 선행의 방식은 그 사람의 인격을 그대로 보여준다. 사람들이 예쁘고 잘생긴 사람을 좋아하는 이유는 흔하지 않기 때문이고, 성실한 사람을 존경하는 이유도 그만큼 드물기 때문이다. 선하게 사는 것 역시 마찬가지다. 그렇기에 선행을 베풀고도 좋지 못한 말을 듣는 사람과 좋은 말을 듣는 사람이 있는 것이다. 자신이 베푼 선행에 대가를 바라는 사람이라면 그건 흔한 선행이기에 좋지 못한 소리를 듣는 것이고, 대가를 바라지 않는 선행은 흔하지 않은 마음이기에 좋은 말을 듣는 것이다. 그럼에도 자신이 무엇이 문제인지 모르고 선행을 베풀었는데 욕을 먹었다고 말하는 사람들은, 자신이 어떤 마음으로 사람을 대하는지 생각해 볼 필요가 있다. 마르쿠스 아우렐리우스는 선행에 대해 이렇게 말했다. "어떤 사람은 선행 후 보답을 기대하고, 어떤 사람은 겉으론 기대하지 않지만 속으로 기억한다. 그러나 너는 사람으로서 해야 할 일을 했다는 것만으로 만족하라. 말이 달리고, 벌이 꿀을 만들고, 포도나무가 포도를 맺듯, 너도 선을 행하라. 포도나무는 자신의 열매를 자랑하지 않는다. 그것은 그저 자신의 본성에 따른 것이다. 그러니, 선을 베풀고도 잊어라." 진정한 선행은 그런 것이다. 보답을 바라지 않고, 그저, 주는 것에 만족을 느끼는 것. 그럼에도 자기가 베푼 것을 거창하게 여기며 생색을 내거나, 그에 대한 보상을 바란다면, 그것은 도움이라기보다 상대를 빚지게 만든 셈이다. 누군가를 진심으로 도와, 그 사람의 삶이 조금 더 나아졌다면, 그걸로 족해야 한다. 선행과 악행의 무게는 똑같다. 죄를 짓고 보이지 않는다고 죄가 없어지는 것이 아니듯, 선행도 겉으로 드러나지 않는다고 사라지는 것이 아니다.

그렇기에 내가 베푼 것에 만족하는 마음을 가져야 한다. 선행에 중요한 것은 '감정 없이'가 아니라, '의도 없이' 베푸는 것이다. 사람은 자신이 조금만 잘나고 잘한 것이 있어도 쉽게 우쭐해지고, 거만해지기 때문에 상대를 자신보다 낮게 보고, 대가를 바라는 마음이 자라나기 쉽다. 그래서 우리는 마르쿠스 아우렐리우스의 말처럼, 말이 달리고 벌이 꿀을 만들고, 포도나무가 열매를 맺는 것처럼 자연스럽게 선을 행해야 한다. 즉, 우리가 선행을 베풀 때 가져야 할 마인드는 베풀되, 그것을 과장하거나 미화하지 않는 것. 그저 묵묵히, 자연스럽게 그렇게 살아가는 것이다. 만일 자신이 선행을 베풀고 대가를 바라는 사람이라면 그것을 함부로 선행이라고 단정 짓고, 자신을 똑같이 도와주지 않았다고 실망해하지 않기를 바란다.

**"말이 달리고, 벌이 꿀을 만들고,
포도나무가 포도를 맺듯, 너도 선을 자연스럽게 행하라."**

007

진짜
두려워해야 하는 것

　마르쿠스 아우렐리우스는 변화에 대해 이렇게 말했다. "변화를 두려워하는가? 변화 없이 무슨 일이 일어날 수 있는가? 우주의 본성에 변화보다 더 자연스럽고 친숙한 것이 어디 있겠는가?" 그의 말처럼 변화는 불편하고 낯설게 느껴질 수 있지만, 그것이야말로 삶의 본질이다. 변화는 피해야 할 대상이 아니라, 마땅히 받아들여야 할 자연스러운 흐름이다. 하지만 사람은 종종 변화를 두려워한다. 지금의 자리를 잃을까, 익숙한 것을 놓칠까, 혹은 잘못된 선택을 할까 두려워하며 쉽게 새로운 방향으로 나아가지 못한다. 그 두려움은 너무나 자연스러운 감정이다. 익숙함은 우리에게 안정감을 주고, 반복되는 일상은 지루함을 안겨준다. 진짜로 나를 성장시키는 상황은 언제나 그 편안함의 바깥에서 시작된다. 아우렐리우스는 변화가 없다면 그 어떤 것도 살아 숨 쉬지 못한다고 말했다. 목욕탕에서 따뜻한 물을 즐기려면 장작이 타올라야 하고, 우리가 음식을 먹고 생명을 유지하려면 소화되고 분해되어야만 영양분이 되어 우리 몸에 흡수된다. 만약 음식이 원래 상태 그대로라면, 단지 먹는다고 해서 우리는 살아갈 수가 없다. 이처럼 삶을 지탱하는 모든 것은 '변화'라는 과정을 통해 우리에게 의미 있는 것으로 전환된다. 실제로 우리가 살아가는 데 있어 변화 없이 얻어질 수 있는 것이 단 하나라도 있는지 떠올려 보면, 결국 모든 것이 변화의 결과라는 것을 알게 된다. 변화는 두려움의 대상이 아니라, 나를 성장시키는 영양분이다. 그러니 변화를 무서워할 필요가 없다. 그게 인간관계의 변화라면,

그것 또한 내가 더 성숙해지기 위한 흐름일 것이고, 진로가 바뀌고, 환경이 달라지는 일 또한 더 나은 방향으로 나아가기 위한 변화이다. 아우렐리우스는 우리가 두려워하는 변화가, 오히려 세상이 제 기능을 하기 위한 필수 조건이라는 것을 꿰뚫어 보았다. 변화를 거부하고 정체되기를 고집하는 것은, 흐르지 않는 물과 같다. 물은 흐르지 않으면 썩게 된다. 이것처럼 우리도 변화를 받아들이지 않으면 무너지게 되어 있다. 계절은 변하고, 사람은 늙고, 수많은 별 또한 태어나고 사라진다. 그리고 그 안에서 우리 역시 매일 조금씩 변하고 있다. 그렇다면 변화는 거스를 대상이 아니라, 기꺼이 품어야 할 자연의 일부다. 오히려 아무 일도 일어나지 않고 변화조차 없는 삶이라면, 그때가 진짜 두려워해야 할 순간일지 모른다. 만약 내게 힘들고 어렵고 낯선 일들이 자꾸 일어난다면, 그것은 내가 여전히 잘 살아 있고, 성장하고 있다는 증거이다. 그 변화 앞에서 두려워하기보다는 기꺼이 맞이할 용기를 내자. 우리의 삶은 늘 그렇게, 변화 속에서 완성되어 가는 것이다.

"변화를 두려워하는가?
변화 없이 무엇이 생겨날 수 있는가?
우주의 본성보다 더 사랑스럽고
익숙한 것이 그대에게 있는가?
그런데 변화 없이 어떤 일이 일어날 수 있겠는가?"

008

책임은 혼자 짊어지는 것이 아니라 나누는 것

　가끔 보면 아무리 힘든 일이라도 도움을 요청하지 않고 끝까지 혼자서 해내려는 사람이 있다. 남들이 하지 않으려는 일, 어렵고 복잡한 일을 먼저 나서서 감당하는 사람은 대개 그것이 책임감이라는 걸 알고 있기 때문이다. 그러나 책임감이라는 이름 아래, 정말 버거운 일조차도 끝까지 혼자 해내려는 사람이 있다면 그것은 책임감이 강해서라기보다, 어쩌면 지나치게 자존심이 강하거나 미련한 태도일 수 있다. 마르쿠스 아우렐리우스는 이렇게 말했다. "지금 내가 맡은 일을 감당할 만큼의 이성이 내게 있다면 그대로 수행하라. 그렇지 않다면, 그것이 네 의무가 아니라면 내려놓고, 의무라면 도움을 구하라. 혼자 하든, 함께 하든 중요한 것은 공동체에 유익한 결과를 내는 일이다." 그는 개인의 판단과 책임을 중요하게 여겼지만, 필요한 순간에 도움을 구하는 것은 결코 부끄러운 일이 아니라고 강조했다. 하지만 많은 사람들이 정작 그 순간, 도움을 요청하지 못한다. 예를 들어보자. 직장에서 일이 한창 바쁠 때, 상사가 무거운 짐을 옮기는 나를 보고 "도움이 필요하냐"고 묻는다. 나는 짐이 적어 보여 "괜찮다"고 말한다. 그런데 그 옆에 더 많은 짐이 있고, 그 또한 내가 해야 할 일임을 나중에야 알게 된다. 이때 두 가지 선택지가 있다. 첫째, 착각했다는 사실을 인정하고 도움을 요청하는 것. 둘째, 미안하고 밉보일까 봐 끝까지 말하지 않고 혼자 무리하게 다 옮기려는 것. 회사 입장에서 중요한 건 일을 빨리 끝내고 다음 단계로 넘어가는 것이다. 괜한 자존심 때문에 혼자 일을 끌고 가다가 오히려 더 늦어지는 것이야말로 조직 전체에 손해가 된다. 결국 후자의 태도는 책임감이 강한 것이 아니라, 판단이 흐려진 선택일 수 있다. 이처럼 오히려 더 잘 보이기 위한 행동을 하는 사람들이 많다는 것이다. 아우렐리우스는 또 이렇게 말했다. "도움을 받는 것을 부끄러워하지 말라. 너에게 맡겨진 일은 전사처럼 주어진 임무를 완수하는 것이다. 만약 네가 다리를 다쳐 성벽을 오를 수 없다면, 너를 도울 수 있는 사람의 도움을 받아야 한다." 그는 분명히 말하고 있다. 중요한 것은 누가 했느냐가 아니라, 그 일이 잘 마무리되어 공동체에 도움이 되었느냐다. 혼자 다 해내야 한다는 집착은 오히려 일을 망칠 수 있다. 만약 내가 부족하고, 그 일이 반드시 이루어져야 하는 일이라면, 도움을 구하는 것 자체가 책임감이자 성숙한 태도다. 우리는 공동체 속에서 살아간다. 서로의 힘이 필요하고, 서로의 도움이 있어야만 지속 가능한 결과를 만들어낼 수 있다. 그렇기에 어떤 일이든 혼자 감당하려 하기보다는, 더 좋은 방향과 결과를 고민해야 한다. 내가 했든, 우리가 함께했든, 그 일이 가치 있는 것이라면 그 과정 역시 마땅히 소중히 여겨야 한다. 괜히 더 멋지고 나은 사람처럼 보이고 싶은 마음 때문에, 판단을 그르치지 않길 바란다. 진짜 책임감은 혼자 모든 걸 짊어지는 데 있는 게 아니다. 오히려 필요한 순간에 도움을 요청할 줄 아는 것, 함께 해결할 수 있는 길을 찾는 것, 그것이야말로 성숙한 책임의 태도다. 그러니 혼자보다는 모두가 함께 성장하는 길을 택하는 용기를 가지길 바란다.

"도움을 받는 것을 부끄러워하지 말라.
너에게 맡겨진 일은
전사처럼 주어진 임무를 완수하는 것이다."

009

비워야
비로소 보이는 것들

　욕심이 많은 사람이 있다. 누군가 어떤 성취를 이루면 운이 좋았다고 말하고, 누군가 열심히 일해 좋은 것을 사면 형편에 맞게 살라고 비꼬며, 좋은 일을 해도 그저 착한 척이라고 폄하한다. 얼핏 보면 단순한 시기나 질투처럼 보이지만, 이 모든 태도는 결국 '욕심'에서 비롯된다. 자신이 갖지 못한 것을 누군가가 가지고 있는 걸 보면, 자신도 그것을 누리고 싶어 하면서도 정작 노력은 하지 않는다. 대신 타인을 깎아내리는 방식으로 마음속 거리감을 줄이려 한다. 이처럼 욕심이 많은 사람은 자신의 좋은 점보다는 타인이 가진 것에만 유독 예민해진다. 그러다 보면 자신이 이미 갖고 있는 소중한 것들을 점점 잊게 되고, 결국에는 가진 것마저 놓쳐버린다. 마르쿠스 아우렐리우스는 욕심에 대해 이렇게 말했다. "내가 갖고 있지 않은 것들을 이미 갖고 있는 것처럼 생각하지 말고, 도리어 내가 갖고 있는 것 중에서 가장 좋은 것들로 눈을 돌려서, 그것들을 갖고 있지 않았다면 얼마나 아쉬워했을지를 생각하라. 하지만 아무리 그것들이 좋더라도 거기에 집착하지 않도록 조심하라. 그렇지 않으면 그것들이 사라졌을 때, 너는 큰 고통을 겪게 될 것이다." 이 말은 단지 '지금 가진 것에 만족하라'는 뻔한 위로가 아니다. 우리가 진짜로 자주 잊는 것, 바로 '이미 내 곁에 있는 소중한 것들'을 익숙함에 속아 시들하게 여기지는 않았는지 생각해 보라는 깊은 조언이다. 우리가 자주 불행하다고 느끼는 이유는, 특별한 것이 없어서가 아니라 평범한 것들의 가치를 잊고 살기 때문이다. 당연하게 여긴 것들이 사실은 당연하지 않았다는 걸 우리는 늘 뒤늦게 깨닫는다. 이별을 한 뒤, 그 사람의 사랑이 얼마나 과분했던 것인지 알게 되고, 다리가 다친 뒤, 뛸 수 있었던 게 얼마나 감사한지 알게 되고, 밥을 굶어 보면 한 끼라도 먹을 수 있는 것이 얼마나 행복한 일인지 알게 된다. 이처럼 없는 것을 가지려 하는 것보다, 있는 것을 더 값지고 행복하게 여길 줄 아는 사람의 행복감이 더 크다. 그래서 지금 가지고 있는 것에 감사하되, 너무 집착하지 말아야 한다. 모든 것은 언젠가 떠날 수 있다. 사귄다고 해서 그 사람이 내 소유물이 되는 것이 아니듯, 너무 집착하고 소유하려 들지 말고, 그 사람의 한 부분을 빌려왔다고 생각해야 한다. 그리고 다시 돌려주기 싫으면 더 많이 아껴줘야 한다. 그래서 우리는 그것이 떠났을 때 견딜 수 없는 고통을 겪지 않으려면, 처음부터 그것들을 지나치게 '내 것'으로 묶어두지 않아야 하고, 감사하는 법을 배워야 한다. 꼭 쥔 손으로는 아무것도 잡을 수 없듯, 너무 집착하면 관계도, 기회도, 행복도 흘러가 버린다. 결국 가지려 하면 할수록 멀어지게 되어 있다. 이제는 아우렐리우스의 말처럼 그것들을 갖고 있지 않았다면 얼마나 아쉬워했을지를 생각하며, 가진 것에 감사하고, 없는 것에 집착하지 않는 삶을 살길 바란다.

**"내가 갖고 있는 것 중에서
가장 좋은 것들로 눈을 돌려서,
그것들을 갖고 있지 않았다면
얼마나 아쉬워했을지를 생각하라."**

010

위기를 기회로
보는 사람

좋은 사람에게는 어떤 상황이 와도 좋은 기회가 된다. 위기를 기회로 삼는 사람과 위기를 실패로 삼는 사람의 차이는 인생에 위기를 어떻게 바라보느냐에 따라 달라지게 되어 있다. 누군가는 일하다가 넘어졌을 때 운이 안 좋아서 넘어졌다 생각하고, 누군가는 더 다치지 않았음에 감사하며 그곳에 다시 문제가 생기지 않도록 조치한다. 목수에게는 나무만 보이고, 사업가에게는 사업할 것들만 보이게 되는 것처럼, 좋은 사람에게는 좋은 것들만 보이는 것이다. 마르쿠스 아우렐리우스는 말한다. "선한 사람은 어떤 상황에서도 자기 본성에 따라 행동한다. 역경은 그의 정신을 해치지 못하며, 오히려 그의 고결함을 더욱 뚜렷이 드러낸다." 즉, 좋은 사람에게는 좋은 것들만 보이며 어려움은 그를 단련시키고, 그의 성품을 더욱 빛나게 한다는 것이다. 좋은 사람은 시련 앞에서 무너지지 않는다. 오히려 그 시련을 자기 안으로 끌어당기고, 더 성장하는 삶을 산다. 그래서 우리는 어려움이 왔을 때 "나는 운이 없어", "왜 나한테만 이런 일이 생기지?"라고 생각하며 밀어내려고 하는 것이 아니라, "이 위기를 어떻게 기회로 삼을까?", "내가 더 성장할 기회가 생겼구나."라고 생각할 줄 아는 사람이 되어야 한다. 운은 갑자기 찾아오는 것이 아니라, 준비된 자에게 찾아오는 것이다. 준비가 되지 못한 사람은 운이 찾아와도 그것이 운인지 모른다. 운은 꼭 좋은 형태로만 오는 것이 아니기 때문이다. 때로는 불행의 형태로 찾아오기도 하고, 때로는 아무도 모르게 평범하게 찾아오기도 한다. 하지만 준비된 사람은 그것을 발견할 수 있다. 준비된 사람이 되려면 긍정적인 말을 하고 긍정적인 것들을 보려 노력해야 한다. 이는 부정적인 일 속에서 운을 보기 위함이다. '알고리즘'이라는 단어가 있다. 알고리즘이란 문제를 해결하기 위한 '명확한 순서의 규칙들'이라는 말이다. 쉽게 말해, 어떤 문제든 정해진 단계에 따라 차례대로 해결하는 방법을 말한다. 유튜브에도 알고리즘이 있다. 우리가 보는 유튜브에서 영상을 무작정 아무거나 보여주는 게 아니다. 나에게 딱 맞는 영상을 고르기 위해 내가 어떤 영상에 '좋아요'를 눌렀는지, 어떤 영상을 끝까지 봤는지, 어떤 채널을 구독했는지, 어떤 영상을 클릭하고, 어떤 건 건너뛰었는지 순서대로 판단하고 내가 가장 좋아할 만한 영상을 추천해 주는 것이다. 이처럼 우리의 뇌에도 알고리즘이 있다. 내가 늘 부정적인 것들만 찾아서 보고 생각하면, 그런 것들만 뇌가 보이게 하고, 긍정적이고 좋은 것들만 보려고 하면 뇌는 긍정적인 것들만 보이게 한다. 그래서 좋은 것들을 보고 좋은 말을 하라는 이유가 바로 이것이다. 그렇게 나를 좋은 사람으로 단

런시키는 것이다. 그럼, 어떤 시련이 찾아와도, 그 안에서 의미를 찾아낼 줄 아는 사람이 되는 것이다. 이제는 자신에게 긍정적이고 좋은 말들로 가득 채워 위기에서 기회를 볼 줄 아는 사람이 되길 바란다.

**"한 사람은 어떤 상황에서도
자기 본성에 따라 행동한다.
역경은 그의 정신을 해치지 못하며,
오히려 그의 고결함을 더욱 뚜렷이 드러낸다."**

"인생은 짧다.
내가 해 줄 수 있는 말은 그것뿐이다.
그렇기에, 현재에서
할 수 있는 것은 다 해라.
신중하고, 올바르게 말이다."

-마르쿠스 아우렐리우스-

**나를 아프게 한 말들이
모두 진실은 아니었다**

ⓒ이근오

초판 1쇄 인쇄 2025년 5월 30일

엮은이 이근오
디자인 김지혜
마케팅 정호윤, 김민지, 송유경
펴낸곳 모티브
이메일 motive@billionairecorp.com

ISBN 979-11-94600-28-2 (03160)

파본은 구입하신 서점에서 교환해 드립니다.
이 책은 저작권법에 의해 보호를 받는 저작물이기에 무단 전재와 복제를 금합니다.